## 编 委 会

主 编：李亚铭

副主编：王 煜　巨 梦　段 宇　李 阳

编 委：毕雪玉　王灏玺　李 虓　赵 琛　李 鹏

　　　　赵仕明　谢丹阳　李艺苑　卓倩茹　李 波

　　　　南引娣　贠 瑶　张艺群　胡 蝶　赵媛媛

"我是小小演说家"丛书
全套音频讲解与示范

# 小演说家阶梯训练
# （3—6岁）

李亚铭 主编

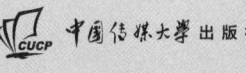中国传媒大学出版社
·北京·

儿童读本

图书在版编目(CIP)数据

小演说家阶梯训练. 3—6 岁 / 李亚铭主编. -- 北京：中国传媒大学出版社，2023.5
("我是小小演说家"丛书)
ISBN 978-7-5657-3070-2

Ⅰ. ①小… Ⅱ. ①李… Ⅲ. ①演讲—语言艺术—少儿读物 Ⅳ. ①H019-49

中国版本图书馆 CIP 数据核字(2021)第 209238 号

### 小演说家阶梯训练（3—6 岁）
XIAO YANSHUOJIA JIETI XUNLIAN(3-6 SUI)

| | |
|---|---|
| 主　　编 | 李亚铭 |
| 责任编辑 | 陈　默 |
| 封面设计 | 风得信设计·阿东 |
| 责任印制 | 李志鹏 |
| 出版发行 | 中国传媒大学出版社 |
| 社　　址 | 北京市朝阳区定福庄东街 1 号　　邮　编　100024 |
| 电　　话 | 86-10-65450528　65450532　　传　真　65779405 |
| 网　　址 | http://cucp.cuc.edu.cn |
| 经　　销 | 全国新华书店 |
| 印　　刷 | 北京中科印刷有限公司 |
| 开　　本 | 787mm×1092mm　1/16 |
| 印　　张 | 彩色 12　黑白 6.75 |
| 字　　数 | 162 千字 |
| 版　　次 | 2023 年 5 月第 1 版 |
| 印　　次 | 2023 年 5 月第 1 次印刷 |
| 书　　号 | ISBN 978-7-5657-3070-2/H·3070　　定　价　98.00 元（全两册） |

本社法律顾问：北京嘉润律师事务所　　郭建平

# 目录

**第一编　我的演讲很清晰** / 1

**第一课　我和拼音做朋友** / 2
一、认识新朋友 / 2
二、绕口令练习 / 4
三、故事时间 / 7
四、开始演讲吧，GO！ / 9

**第二课　我会唱优美的儿歌** / 10
一、儿歌我会读 / 10
二、认识新朋友 / 13
三、故事时间 / 15
四、开始演讲吧，GO！ / 18

**第三课　我是数数小能手** / 19
一、拼音朋友找上门 / 19
二、一起来数数 / 21
三、故事时间 / 23
四、开始演讲吧，GO！ / 25

**第四课　看我说得多清晰** / 26
一、拼音的小帽子 / 26
二、读一读 / 27

三、试一试 / 30
四、开始演讲吧，GO！ / 30

**第二编　我能勇敢地演讲** / 33

**第五课　我是最棒的** / 34
一、读一读 / 34
二、小游戏 / 36
三、故事时间 / 36
四、开始演讲吧，GO！ / 37

**第六课　我快乐我分享** / 39
一、读一读 / 39
二、小小朗诵 / 41
三、故事时间 / 42
四、开始演讲吧，GO！ / 44

**第七课　我是声音的掌控者** / 45
一、我的声音有弹性 / 45
二、读一读 / 48
三、小游戏 / 50
四、开始演讲吧，GO！ / 52

第八课　爸爸妈妈听我说 / 53

一、读一读 / 53

二、爸爸妈妈听我说 / 54

三、故事时间 / 55

四、开始演讲吧，GO！ / 57

## 第三编　我的演讲动作很协调 / 59

第九课　挥挥小手更加分 / 60

一、小游戏 / 60

二、我的站姿很挺拔 / 64

三、故事时间 / 65

四、开始演讲吧，GO！ / 68

第十课　眼睛是扇小窗户 / 69

一、灵活的小眼睛 / 69

二、试一试 / 70

三、故事时间 / 72

四、开始演讲吧，GO！ / 74

第十一课　小脸蛋也会说话 / 76

一、表情训练 / 76

二、笑容练习操 / 78

三、故事时间 / 79

四、开始演讲吧，GO！ / 81

第十二课　我是讲台小明星 / 83

一、这样走上讲台 / 83

二、试一试 / 85

三、故事时间 / 86

四、开始演讲吧，GO！ / 89

## 第四编　我的演讲思路很清晰 / 91

第十三课　难不倒我的"把"和"被" / 92

一、认识"把"和"被" / 92

二、"把"和"被"我会用！ / 93

三、故事时间 / 96

四、开始演讲吧，GO！ / 99

第十四课　我是造句小能手 / 100

一、我会连 / 100

二、模仿造句 / 102

三、小游戏 / 104

四、开始演讲吧，GO！ / 105

第十五课　多问一个"为什么" / 107

一、我是答题小能手 / 107

二、故事时间 / 109

三、我也会提问 / 110

四、开始演讲吧，GO！ / 112

第十六课　给图片排个队 / 114

一、图片也会说话 / 114

二、试一试 / 120

三、读故事，排顺序 / 126

四、开始演讲吧，GO！ / 132

## 第五编　走上讲台我能行 / 133

第十七课　说说我是谁 / 134

一、小试身手 / 134

二、看看别人怎么做 / 136

三、故事时间 / 140

四、开始演讲吧，GO！ / 143

**第十八课　家庭聚会演讲** /145
一、看看别人怎么做　/145
二、小试身手　/149
三、开始演讲吧，GO！　/150

**第十九课　节日庆典演讲** /151
一、小试身手　/151
二、看看别人怎么做　/152
三、故事时间　/155
四、开始演讲吧，GO！　/157

**第二十课　班级演讲** /159
一、小试身手　/159
二、看看别人怎么做　/160

三、故事时间　/165
四、开始演讲吧，GO！　/167

**第二十一课　幼儿园毕业演讲** /168
一、小试身手　/168
二、看看别人怎么做　/169
三、开始演讲吧，GO！　/171

**第二十二课　登上演讲台** /173
一、故事知多少　/173
二、情景模拟难不倒　/174
三、主题演讲最在行　/176
四、登上演讲台　/177

导言

　　亲爱的小朋友,欢迎你打开《小演说家阶梯训练》的第一册,我们的演讲学堂正式开课了!现在,让我们用一则童话故事来开启演讲学习之旅吧!

辛巴是狮子王的儿子。自从父亲被狮子刀疤推下了悬崖，它就开始了颠沛流离的生活。

辛巴请求森林里最聪明的猴子拉法奇帮助他夺回王位。

拉法奇拍了拍辛巴的头，对它说："只要你能说服森林里的其他动物组成一支军队，就可以打败刀疤了。"听到这里，辛巴眼里燃起了希望。

从那天开始，辛巴就跟着拉法奇学习演讲。日子一天天过去，辛巴也长成了一只大狮子。在拉法奇细心的指导下，聪明的辛巴很快就掌握了演讲的发音、动作和表达技巧等诸多方法。

眼看召开动物大会的日子要到了，辛巴还是对当众演讲感到害怕。这时它耳边响起了爸爸的声音："辛巴，我的孩子，你是狮子王的儿子，你要像我一样做一只勇敢的狮子！拿出你百兽之王的气势，勇敢地说出来吧！"

动物大会如期而至，辛巴站在山顶，面对山下的动物们，没有胆怯。它用自己最洪亮的声音对百兽讲道："大家好，我是辛巴，刀疤害死了我的父亲，夺走了我的王位。动物王国的所有动物本应该和谐相处，可自从刀疤成了国王，动物们就开始自相残杀。所以请大家跟我一起打败刀疤，恢复王国的和平！……"辛巴精彩的演讲打动了大家，所有的动物都表示愿意同它一起战斗。

就这样，辛巴带着动物军团打败了刀疤，重建了王国。它走上悬崖之巅，用响彻森林的演讲宣告了自己的继位，辛巴成了新的狮子王。

**提示：**小朋友，看到这里，你是不是很激动呢？你也一定在为辛巴重建王国而高兴吧！我们想一下，如果没有辛巴的那场演讲，动物们会支持他吗？你是不是也拥有辛巴那样的演讲能力呢？现在，请打开本书的第1页，开始我们的学习吧！

# 第一编
## 我的演讲很清晰

小朋友，恭喜你获得这本"演讲秘籍"。演讲是一门关于语言的艺术！要想成为演讲小能手，先要学会清晰地表达。在这一部分我们会帮助你成为一名口齿伶俐的小演说家。准备好了吗？我们开始吧！

第一课

# 我和拼音做朋友

要成为优秀的小演说家,首先要说好普通话,而学习拼音是学习普通话的基础。小朋友,在这一课,我们首先要认识6个元音小伙伴!演讲可离不开它们!

## 一、认识新朋友

亲爱的小朋友,让我们一起来认识几个新朋友吧。它们分别是:a、o、e、i、u、ü,让它们先来介绍一下自己吧。

a:小朋友你好,我是长了小尾巴的圆。
(xiǎo péng yǒu nǐ hǎo, wǒ shì zhǎng le xiǎo wěi ba de yuán)

o:亲爱的小朋友,我是一个圆圆的圈。
(qīn ài de xiǎo péng yǒu, wǒ shì yí gè yuán yuán de quān)

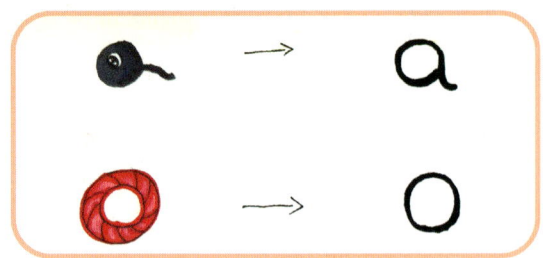

第一编 我的演讲很清晰

xiǎo péng yǒu wǒ shì tiān é zài shuǐ zhōng de dào yǐng
e：小朋友，我是天鹅在水中的倒影。

wǒ shì dǐng zhe pí qiú de gùn zi dàn shì wǒ yòu shòu yòu gāo
i：我是顶着皮球的棍子，但是我又瘦又高！

xiǎo péng yǒu nǐ kàn wǒ de shēn cái xiàng bú xiàng yǒu bǎ shou de
u：小朋友，你看我的身材像不像有把手的
shuǐ bēi
水杯？

wǒ hé shì qīn xiōng dì dàn shì wǒ dài le yí fù yǎn jìng nǐ kě bú
ü：我和u是亲兄弟，但是我戴了一副眼镜，你可不
yào jì hùn le
要记混了。

**提示**：小朋友，你认识它们了吗？会读吗？让我来教你一个口诀吧。

zhāng dà zuǐ ba
张大嘴巴 a a a

yuányuán zuǐ ba
圆圆嘴巴 o o o

biǎnbiǎn zuǐ ba
扁扁嘴巴 e e e

yá chǐ duì qí
牙齿对齐 i i i

zuǐ ba xiǎoyuán
嘴巴小圆 u u u

juē qǐ zuǐ ba
撅起嘴巴 ü ü ü

小朋友，你做到了吗？后面还有很多拼音字母想跟你做朋友呢！在接下来的章节中，你会认识更多的新朋友。

## 二、绕口令练习

小朋友，让我们再通过绕口令来巩固一下新学的拼音字母吧。

　　　　　　hóng lǜ dēng méi zuǐ ba　méi zuǐ ba néng shuō huà　lǜ dēng liàng kuài
a：红绿灯没嘴巴，没嘴巴能说话，绿灯亮快
kuài zǒu　hóngdēngliàngdōu tíng xià
快走，红灯亮都停下。

第一编 我的演讲很清晰

o：老伯伯卖墨，老婆婆卖馍，老婆婆卖了馍去买墨，老伯伯卖了墨去买馍。
（lǎo bó bo mài mò， lǎo pó po mài mó， lǎo pó po mài le mó qù mǎi mò， lǎo bó bo mài le mò qù mǎi mó）

e：宽宽的河，肥肥的鹅，鹅要过河，河要渡鹅。
（kuān kuān de hé， féi féi de é， é yào guò hé， hé yào dù é）

i：一二三，三二一，一二三四五六七。七个阿姨来摘果，七个花篮手中提。

u：鼓上画只虎，破了拿布补。不知布补鼓，还是布补虎。

ü：一条小金鱼，一头大鲸鱼，小金鱼遇上大鲸鱼，一起愉快玩游戏。

## 三、故事时间

### 兔子借书

一天，兔子向小猫借书。小猫有些舍不得，它迟疑地说："这可是我新买的书，你别弄脏了，更不能弄丢了！"兔子说："放心吧，一个星期后，我保证准时归还！"于是，小猫把书借给了兔子。

兔子拿到书后,心里很高兴。它一回家,就用纸、剪刀与浆糊,给书穿了一件漂亮的新衣裳。如此一来,书就不会被弄脏,也不会被弄得折角了。

一个星期很快就过去了。虽然兔子还没有把书全部看完,但想到到了还书的日子,就拿起书赶忙向小猫家走去。小猫看到兔子很准时地来还书,而且书不仅完好无损,还被包了书皮,便笑着对兔子说:"如果以后你还想看我的书,就尽管来借吧!"

兔子从此再也不用担心没书可看了!

1. 找一找：这则故事里藏着刚刚学到的拼音朋友哦，你能不能把它们圈出来？跟你的小伙伴比一比，看谁找的多！（要求：圈出含有 a、o、e、i、u、ü 的字）

2. 想一想：下一次小猫还会把书借给兔子吗？你从小兔子身上学到了什么？

## 四、开始演讲吧，GO！

### 我的朋友

小朋友，在你的生活中，是不是也有像拼音一样的朋友陪伴着你呢？它可能是一只小狗、一条小金鱼、一只小乌龟，也可能是你的邻居或者班级里的小伙伴。请你以"我的朋友"为题做一次演讲吧！你可以从以下几点来说：

1. 你的朋友是谁？Ta 叫什么名字？
2. 你为什么喜欢 Ta？
3. 你想对 Ta 说点儿什么？
4. 你们之间发生过哪些有趣的故事？

第二课

# 我会唱优美的儿歌

一名小演说家，要具备伶俐的口齿，这样才能流畅地发表演讲。接下来就让我们一起努力，去掌握这项技能吧。这节课中有很多有趣的绕口令，让我们一起动动嘴把它们读清楚吧！看谁读得既清晰、又准确！

## 一、儿歌我会读

1. 小朋友，现在请你和身边的小伙伴一起，边读儿歌边做动作。

xiǎo huā māo
**小花猫**

  xiǎo huā māo　　miāo miāo miāo
  小花猫，喵喵喵，（五指张开，做小花猫捋胡子的动作）

第一编　我的演讲很清晰

měi tiān zǎo shàng shēn shēn yāo
**每天早上伸伸腰，**（两臂上举交叉，做伸懒腰的动作）

zuǒ shēn shēn
**左伸伸，**（两臂上举，向左弯腰）

yòu shēn shēn
右伸伸，（两臂上举，向右弯腰）

zuì hòu hái yào niǔ niǔ yāo
最后还要扭扭腰。（双手叉腰，左右晃动）

2. 读下面的儿歌，然后跟你的小伙伴把它表演出来。

### shǔ yā
### 数 鸭

mén qián dà qiáo xià　　yóu guò yì qún yā　　kuài lái kuài lái shǔ yì shǔ
门前大桥下，游过一群鸭，快来快来数一数，
èr sì liù qī bā　　gā gā gā gā　　zhēn ya zhēn duō ya　　shǔ bù qīng dào dǐ
二四六七八，嘎嘎嘎嘎，真呀真多呀，数不清到底
duō shǎo yā　　shǔ bù qīng dào dǐ duō shǎo yā　　gǎn yā lǎo yé ye　　hú zi bái
多少鸭，数不清到底多少鸭。赶鸭老爷爷，胡子白
huā huā　　chàng ya chàng zhe jiā xiāng xì　　hái huì shuō xiào huà　　xiǎo hái r
花花，唱呀唱着家乡戏，还会说笑话，小孩儿，

第一编 我的演讲很清晰

xiǎo hái r　　kuài kuài shàng xué xiào　　bié kǎo gè yā dàn bào huí jiā　　bié kǎo gè yā
小孩儿，快快上学校，别考个鸭蛋抱回家，别考个鸭
dàn bào huí jiā
蛋抱回家。

## 二、认识新朋友

　　　　　xiǎo péng yǒu　　wǒ shì dù zi dà nǎo dai xiǎo de　　　yòu xià bàn yuán
　b：小朋友，我是肚子大脑袋小的b，右下半圆
shì wǒ
是我。

wǒ shì dù zi xiǎo nǎo dai dà de wǒ shì yòu shàng bàn yuán nǐ kě
p：我是肚子小脑袋大的 p，我是右上半圆，你可
bú yào jì cuò
不要记错！

在下面的儿歌训练中，你要把出现“b”或者“p”的地方圈起来哦。例如“白兔的白（bái）”中就有“b”的身影，“泡泡的泡（pào）”中就有“p”的身影。

xiǎo bái tù
## 小白兔

xiǎo bái tù bái yòu bái liǎng zhī ěr duo shù qǐ lái
小白兔白又白，两只耳朵竖起来，
ài chī luó bo ài chī cài bèng bèng tiào tiào zhēn kě ài
爱吃萝卜爱吃菜，蹦蹦跳跳真可爱。

chuī pào pao
## 吹泡泡

xiǎo bǎo bao chuī pào pao
小宝宝，吹泡泡，
dà pào pao xiǎo pào pao
大泡泡，小泡泡。
yí gè yí gè zhēn qí miào
一个一个真奇妙，
kuài qǐng fēng er chuī shàng tiān
快请风儿吹上天，
qù gěi tài yáng gōng gong bào
去给太阳公公抱。
pào pao fēi ya fēi de gāo
泡泡飞呀飞得高，
fēi dào kōng zhōng wèn shēng tài yáng hǎo
飞到空中问声太阳好！

### 三、故事时间

xiǎo hóu zi xué běn lǐng
**小猴子学本领**

yǒu yì tiān　　xiǎo hóu zi fā xiàn
有一天，小猴子发现
péng you men dōu qù shàng xué le　tā xīn
朋友们都去上学了。它心
xiǎng　　míng tiān wǒ yě yào qù shàng xué
想："明天我也要去上学。"
dì yī tiān hé xiǎo tù zi yì qǐ shàng
第一天和小兔子一起上
zuò wén kè　xiǎo hóu zi jué de xiě zuò tài
作文课，小猴子觉得写作太
nán le　　ér qiě měi tiān dōu yào kàn shū
难了，而且每天都要看书，
tā jiù bù xiǎng xué le　dì èr tiān xiǎo hóu
它就不想学了。第二天小猴

子看见公鸡伯伯在吹喇叭,就跟着一起吹。可是没多久,小猴子吹得口干舌燥,它又放弃了。第三天小猴子看见小鹿正在跑步,它想:跑步只要用脚就可以了,多简单呀!于是,它又决定去学跑步。可是没跑多久,小猴子就累得满头大汗,气喘吁吁,直接放弃了。

第一编 我的演讲很清晰

结果，小兔子写作拿了第一名，公鸡伯伯吹喇叭拿了第一名，小鹿跑步也拿了第一名。它们都说：小猴子东学学，西学学，最后什么都没学会。小猴子只好两手空空地回家了。

1. 问一问：小朋友，你想向小猴子学习，还是向小兔子、公鸡伯伯、小鹿它们学习呢？

2. 想一想：假如你是小猴子，你会怎么做呢？

小朋友，学习演讲也一样，不能三心二意、半途而废哟。

## 四、开始演讲吧，GO！

### 我最喜欢的儿歌

今天我们学习了很多儿歌，请说一说你最喜欢的是哪一首。你为什么喜欢它呢？给我们展示一下吧！你可以从以下几点来说：

1. 你最喜欢的儿歌是什么？
2. 为什么喜欢它？
3. 从儿歌当中你学到了哪些知识？

# 第三课

## 我是数数小能手

第三课

小朋友，你知道吗，没有气息，就无法正常地讲话；没有正确的气息控制方法，就不能稳健地呈现演讲。因此，学习正确地运用气息是演讲学习中极为关键的环节。学习这一课可以为你在演讲中正确运用气息打下基础！

### 一、拼音朋友找上门

今天来了两个新朋友，小朋友快来听听它俩的自我介绍吧！

d：小朋友们大家好，我是b的双胞胎弟弟，我跟他长得很像，都是脑袋小肚子大。但是，他的肚子是朝向右边的，而我的肚子是朝向左边的。大家可以叫我"左下半圆d、d、d"。

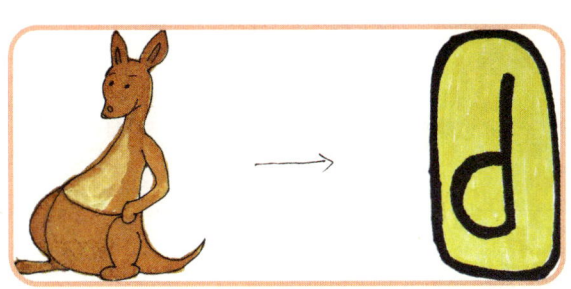

t：哈喽！小朋友们，我的名字叫t，你们看我像不像倒立的拐杖？以后请大家记住我："倒立拐杖t、t、t。"

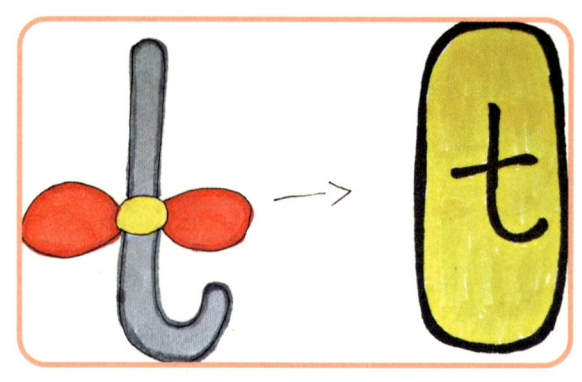

## 大兔子的大肚子

大兔子，大肚子，

大肚子的大兔子，要咬大兔子的大肚子。

## 图图涂画

大耳朵图图爱画画，买了涂料去涂画。

图图涂画，画图图。画完图图，又画图。

## 小兔子轻轻跳

小兔子轻轻跳，小兔子眯眯笑，小兔子拔萝卜，小兔子吃得饱，哎呀！不好了，狐狸来了，小兔子蹦蹦跳跳逃跑了。

## 二、一起来数数

### 数旗

广场上，红旗飘，一面旗，两面旗，三面旗，四面旗，五面旗，六面旗，七面旗，八面旗，九面旗，十面旗……红旗飘飘真漂亮。

## 数枣

出东门，过大桥，大桥底下一树枣，拿着杆子去打枣，青的多，红的少。一个枣，两个枣，三个枣，四个枣，五个枣……十个枣。这是一个绕口令，一口气说完才算好。

小朋友，让我来告诉你几个练气息的小秘密吧！

1. 闻饭香：仿佛面前有一碗香喷喷的米饭，深深地吸进它的香气，憋住这口气 5 秒钟，再缓缓吐出。

2. 吹蜡烛：模拟吹灭生日蜡烛的过程，深吸一口气后再均匀缓慢地吹气，时间尽可能长一点，10—20秒吹完为合格。

**小提示**：小朋友，气息练习可不是一节课就能掌握的哦！只要不断地练习，你就会发现自己一次比一次有进步！小朋友，加油！

## 三、故事时间

### 青蛙妈妈鼓肚皮
（qīng wā mā ma gǔ dù pí）

huáng niú bó bo zài chí táng biān hē shuǐ de shí hou, yí bù xiǎo xīn, bǎ
黄牛伯伯在池塘边喝水的时候，一不小心，把

xiǎo qīng wā hú hu cǎi jìn le yū ní li。 qīng wā mā ma huí lái yǐ hòu, fā xiàn
小青蛙糊糊踩进了淤泥里。青蛙妈妈回来以后，发现

hú hu bú jiàn le, biàn wèn fā shēng le shén me shì qing。 xiǎo qīng wā tiào tiao gào
糊糊不见了，便问发生了什么事情，小青蛙跳跳告

诉了它事情的经过。

可青蛙妈妈从来没有见过黄牛，于是，她把肚皮鼓起来，问："那怪物有我这么大吗？"跳跳摇摇头说："可比你大多啦！"

青蛙妈妈听了很不服气，继续鼓自己的肚皮，问："是这么大吗？"

"还要大，还要更大些呀！"跳跳回答说。

于是，青蛙妈妈拼命鼓气，把肚皮鼓得像个大气球。"比这还大吗？"青蛙妈妈边鼓气边问。跳跳赶忙说："您还是快停下来吧，黄牛伯伯实在太大了。您再鼓气，肚皮就要胀破啦！"

**思考练习**：小朋友，假如你是小青蛙，你会如何给青蛙妈妈描述黄牛伯伯的样子呢？

**示范**：黄牛伯伯有墙壁似的身子，树桩似的腿，它的个头比那棵树还要高，它的一切都大得出奇！

## 四、开始演讲吧，GO！

### 我最喜欢的水果

小朋友，你最喜欢的水果是什么？为什么喜欢它呢？你有没有为爸爸妈妈洗过水果呢？

**示范**：我最喜欢的水果是苹果，因为它红彤彤的，很漂亮，我一口咬下去觉得清甜可口。每次吃苹果的时候，奶奶都会把大的给我吃，等我长大了，我一定要好好孝敬奶奶。

第四课

## 看我说得多清晰

小朋友,你有没有发现 ā、á、ǎ、à 这些拼音头上的"帽子"不一样?实际上,它们代表不一样的音调。是不是很神奇?接下来让我们一起去探寻声调的奥秘吧!

### 一、拼音的小帽子

小朋友,拼音伙伴的头上有一顶小帽子,它叫声调。让我们一起认识一下这些小帽子吧。

shēng diào gē
**声 调 歌**

yī shēng gāo gāo píng yòu píng
一声高高平又平，

èr shēng jiù xiàng shàng shān pō
二声就像上山坡，

sān shēng xià pō yòu shàng pō
三声下坡又上坡，

sì shēng jiù xiàng xià shān pō
四声就像下山坡。

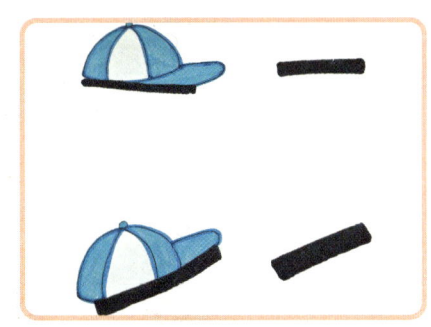

yī shēng lì zì mā gōng
一声例字：妈、公。

èr shēng lì zì yé pó
二声例字：爷、婆。

sān shēng lì zì nǎi lǎo
三声例字：奶、姥。

sì shēng lì zì bà jiù
四声例字：爸、舅。

## 二、读一读

rèn shi xīn péng you
**认识新朋友**

　　yí gè lǎo yé ye zhǔ zhe guǎi gùn cóng mén dòng li zǒu le chū lái   tā duì
一个老爷爷拄着拐棍从门洞里走了出来。他对xiǎo péng yǒu shuō    xiǎo péng yǒu    jīn tiān yé ye dài nǐ rèn shi liǎng gè xīn péng
小朋友说："小朋友，今天爷爷带你认识两个新朋you   tā men shì    hé   nǐ kàn   xiàng bú xiàng liǎng gè mén dòng a
友，它们是 m 和 f。你看 m 像不像两个门洞啊？fxiàng bú xiàng yé ye shǒushang de zhè gēn guǎi gùn a    liǎng gè méndòng
像不像爷爷手上的这根拐棍啊？两个门洞 m、m、xiàng gēn guǎi gùn
m，像根拐棍 f、f、f。"

bái mào hé bái máo
## 白帽和白毛

bái māo shǒu li yǒu yì dǐng bái mào
白猫手里有一顶白帽，

bái tù shǒu zhōng yǒu yì bǎ bái máo
白兔手中有一把白毛，

bái māo xiǎng ná shǒu li de bái mào
白猫想拿手里的白帽，

qù huàn bái tù shǒu zhōng de bái máo
去换白兔手中的白毛，

bái tù bú yuàn ná shǒu zhōng de bái máo
白兔不愿拿手中的白毛，

qù huàn bái māo shǒu li de bái mào
去换白猫手里的白帽。

## 画凤凰

粉红墙上画凤凰,凤凰画在粉红墙。

红凤凰,粉凤凰,红粉凤凰,花凤凰。

红凤凰,黄凤凰,红粉凤凰,粉红凤凰,红粉花凤凰。

## 我爱我的家

我爱我的家,家里有爸妈,扶我学走路,教我学说话,辛苦把我抚养大。

我爱我的家,最爱我爸妈。练好咱身体,勤奋学文化,自强自立让您少牵挂。

我爱我的家,孝敬好爸妈。多干家务活,争做好娃娃,传续孝心全家乐开花。

## 三、试一试

1. 默写出本编学过的拼音字母。

提示：a、o、e、i、u、ü、b、p、m、f

_____

_____

2. 给这些拼音戴上帽子吧。

妈（ma）　爸（ba）　姥（lao）　爷（ye）　姨（yi）

3. 我会连。

gōng jī　　huā māo　　tiān é　　huáng niú　　hóu zi

花猫　　公鸡　　猴子　　天鹅　　黄牛

## 四、开始演讲吧，GO！

### 我的爸爸妈妈

父母的爱就像阳光和雨露，滋润着我们的心田。亲爱的小朋友，你眼中的爸爸妈妈是什么样子的人呢？他（她）最喜欢吃什么？你能给我们讲一个你和爸爸妈妈的小故事吗？

小朋友，你可以从以下几点来说：

1. 爸爸、妈妈的容貌有什么特点？
2. 你和爸爸、妈妈之间最开心的事情是什么？
3. 你最想对爸爸、妈妈说什么？

# 第二编
## 我能勇敢地演讲

第二编

　　小朋友，要成为一名成功的演说家，需要克服紧张的情绪，勇敢地登上演讲台。你想不想做一名勇敢的演说家呢？在这一部分，让我们一起树立自信、克服胆怯，在观众面前自如地演讲吧！

第五课

# 我是最棒的

小朋友，你知道自信是什么吗？自信就是相信自己、肯定自己。自信是成为演说家必备的条件。在你的生活中也一定有很多让你信心满满的事情吧？例如你学习成绩很好、普通话讲得很标准等，这些都是能让人增添自信的事。接下来让我们一起进入这一课的学习，一起欣赏最棒的你吧！

## 一、读一读

### 认识新朋友 (rèn shi xīn péng you)

k：嗨，小朋友，我是拼音小k，你可以在儿歌《自己做》里找到我。给你点儿小提示哟，"口"和"夸"里都有我哟。你看我像不像一把小机枪？"我是机枪k、k、k"。

第二编　我能勇敢地演讲

## 自己做

自己做，自己做，自己的事情自己做。

早晨起来精神抖，先穿衣服后系扣，

穿袜子，穿鞋子，叠好被子放枕头。

自己做，自己做，自己的事情自己做。

早晨起来精神抖，又洗脸来又梳头，

刷了牙，再漱口，脸上抹点宝宝油，

老师夸我是好孩子，妈妈乐得合不上口，

自己做，自己做，今天的事情自己做，

未来长大有出息，爸爸妈妈乐悠悠。

**提问**：小朋友，上面儿歌里提到的哪些事情你可以自己独立完成呢？独立完成这些事情是不是帮你增加了许多自信呢？

## 二、小游戏

1. 和你的小伙伴说"我最棒！"，然后说说自己哪里最棒。
2. 和你的小伙伴说"你最棒！"，然后说说他哪里最棒。

## 三、故事时间

### 昂起头来真美

爱丽丝一直觉得自己不够漂亮，所以她总爱低着头。有一天，她买了只红色的蝴蝶结，老板不断地夸赞她："你戴上蝴蝶结很好看呢！"爱丽丝虽不信，但是很高兴，不由地昂起了头，想着让大家看看她那漂亮的蝴蝶结。甚至，连出门与人撞了一下都没在意。爱丽丝走进教室，迎面遇到了她的老师，"爱丽丝，你昂起头来真美！"老师轻轻地拍拍她的肩膀说。

那一天，她得到了许多人的赞美，她想一定是蝴蝶结的功劳。晚上她往镜子前一照，发现头上根本就没有蝴蝶结，她想肯定是自己不小心弄丢了。为什么没有蝴蝶结的爱丽丝依然得到了那么多称赞呢?

小朋友你知道吗,抬起头就是自信的表现之一。自信的你是最美丽的。

**想一想**:小朋友,是蝴蝶结让爱丽丝变美了吗?

**做一做**:小朋友,如果爱丽丝是你的小伙伴,你会怎么鼓励她呢?

## 四、开始演讲吧,GO!

### 我做过的最棒的事

每个小朋友都做过一些令自己骄傲的事情。比如,我做过的最棒的事是自己做了一件手工作品,那是一只非常漂亮的风筝;小明做过的最棒的事是每次都把好吃的分享给弟弟妹妹。你做过

的最棒的事情是什么呢?

**演讲提示**:小朋友,你可以从以下几点来发表演说:

1. 你觉得你做过的哪件事是最棒的?

2. 给大家仔细讲一讲事情的经过吧。

3. 这件事对你来说有什么意义呢?

小朋友,通过这节课,你是不是意识到了自己有很多优点?有没有觉得自己也很棒呢?

第二编 我能勇敢地演讲

# 我快乐我分享

第六课

小朋友，当你遇到特别开心的事情时，一定想和爸爸妈妈或者是好朋友们分享吧！演讲的重要作用之一就是把快乐和积极的情绪带给大伙儿。今天，我们一起和大家分享快乐的事，为演讲增添幸福的色彩吧！

## 一、读一读

### 认识新朋友

h、j：小朋友你好，我们是你的新朋友h和j。读完下面这首小诗后能不能找到隐藏在诗中的我们呢？圈出和我们有关的字词吧！一把椅子h、h、h，小i拉弯j、j、j。

## 春天来啦

小溪已经解冻了,迎春花开了。

小草已经发芽了,动物已经苏醒了。

让我们脱下棉袄,让我们尽情奔跑。

在小院里,在小河旁,倾听春的声音。

叮咚叮咚,滴答滴答,

春天来了,缓缓地来,

悄悄地来,静静地来。

啊!春天多么美妙。

提问：

1. 小朋友，在春天来临的时候，万物会有哪些变化呢？
2. 春天和冬天有哪些不同呢？
3. 请和你的小伙伴分享一个关于春天的故事吧。

## 二、小小朗诵

快乐

今天是个快乐的日子，
我们去游乐园，
与小伙伴们嬉戏玩耍。
每个人都有快乐和烦恼，
我们要把烦恼放飞，
把快乐留在身边。
让我们快乐吧！
让我们欢笑与歌唱，
让我们把快乐带给大家，直到永远！

**提问：**

1. 小朋友，你认为什么是快乐呢？

2. 什么时候你是最快乐的？和你身边的小伙伴们说一说吧！

## 三、故事时间

### 动物们的快乐

一天，小动物们在草地上聊让自己快乐的事。

小羊说："吃草是我的快乐，我一分钟能吃三捆草呢！"

小牛说："耕地是我的快乐，我一天可以耕两亩地，身体健健康康的，舒服极了！"小猫说："抓老鼠是我的快乐，只

要我抓住老鼠,就可以美美地饱餐一顿!"小兔说:"吃萝卜是我的快乐,今天,我发现了一大片萝卜地,可是我一个人拔不完,大家一起去拔吧。""好,帮助朋友是我们的快乐!"小动物们都这样说。

大家的快乐都不一样,但是,助人为乐是我们共同的快乐!

**提问:**

1. 小朋友,你帮助过别人吗?

2. 分享你助人为乐的小故事吧!

## 四、开始演讲吧,GO!

### 开心的事

小朋友,每个人都有令自己开心的事情,请走上讲台与大家一起分享你的快乐吧。

小朋友,你可以从这几点来说:

1. 什么事让你感到开心呢?
2. 这件事对你有什么意义?

## 第七课

# 我是声音的掌控者

小朋友，演讲时人一旦紧张，声音就会变得很小，这是声音失去控制的表现。要想成为一名小演说家，就要学会做声音的掌控者。希望你能够通过这节课的学习，学会如何控制声音，并把演讲的内容用声音流畅地表达出来。

## 一、我的声音有弹性

**提示：** 这一部分设置了三个场景，你要根据不同的场景，去控制自己的声音。

### 数 鸭 子

**场景：** 门前大桥下游过一群鸭，小朋友你快来数一数，到底有几只鸭。

**提示：** 数鸭子时一定要悄悄地数，不然小鸭子会被吓跑的。

<pre>
yì zhī yā zi    liǎng zhī yā zi    sān zhī yā zi
</pre>
一只鸭子、两只鸭子、三只鸭子……

## 帮奶奶数白头发

**场景：** 一天，奶奶让你帮她数一数头上的白头发。

**提示：** 用平时你和爷爷奶奶说话的音量即可。

"一根、两根、三根、四根、五根……"

## 数苹果

**场景：** 阳光明媚的一天，爸爸妈妈带着小明去郊游。他们走着走着，看到远处有一棵红彤彤的苹果树，于是小明跑过去，想数一数树上的苹果，然后告诉远处的爸爸妈妈。

**提示：** 数苹果的时候要默数，要有顺序、有条理地数，数完苹果之后要声音洪亮地告诉爸爸妈妈，声音小了他们可能会听不见哦。

"一个、两个、三个、四个……爸爸妈妈，树上一共有x个苹果！"

## 二、读一读

### 认识新朋友

n：我是n，一个门洞n、n、n，小朋友在下面的绕口令当中有没有找到我呢？"牛、妞"里面就有我的身影呢。你记住我了吗？

l：小朋友，我是l，一根小棒l、l、l。绕口令里的"刘"，就是我与i和u一起组成的。你记住我了吗？

## 妞妞和牛牛

东头有个李家妞，
西头有头刘家牛，
刘家牛要吃李家豆，
李家妞赶走刘家牛。

## 萤火虫

萤火虫，点灯笼，
飞到西，飞到东。
飞到河边上，小鱼在做梦。
飞到树林里，小鸟睡正浓。
萤火虫，萤火虫，
何不飞上天，做个星星挂天空。

## 三、小游戏

pāi shǒu gē
**拍手歌**

nǐ pāi yī， wǒ pāi yī， yí ge xiǎo hái chuān huā yī
你拍一，我拍一，一个小孩穿花衣。

nǐ pāi èr， wǒ pāi èr， liǎng ge xiǎo hái shū xiǎo biàn
你拍二，我拍二，两个小孩梳小辫。

nǐ pāi sān， wǒ pāi sān， sān ge xiǎo hái chī bǐng gān
你拍三，我拍三，三个小孩吃饼干。

nǐ pāi sì， wǒ pāi sì， sì ge xiǎo hái xiě dà zì
你拍四，我拍四，四个小孩写大字。

nǐ pāi wǔ， wǒ pāi wǔ， wǔ ge xiǎo hái qiāo dà gǔ
你拍五，我拍五，五个小孩敲大鼓。

nǐ pāi liù， wǒ pāi liù， liù ge xiǎo hái chī shí liu
你拍六，我拍六，六个小孩吃石榴。

nǐ pāi qī， wǒ pāi qī， qī ge xiǎo hái zuò fēi jī
你拍七，我拍七，七个小孩坐飞机。

nǐ pāi bā， wǒ pāi bā， bā ge xiǎo hái chuī lǎ ba
你拍八，我拍八，八个小孩吹喇叭。

nǐ pāi jiǔ， wǒ pāi jiǔ， jiǔ ge xiǎo hái jiāo péng you
你拍九，我拍九，九个小孩交朋友。

nǐ pāi shí， wǒ pāi shí， shí ge xiǎo hái zhàn de zhí
你拍十，我拍十，十个小孩站得直。

## 第二编 我能勇敢地演讲

**提示**：找小伙伴或者爸爸、妈妈一起玩《拍手歌》的游戏，随着歌中人数的逐渐增多，你的声音也要逐渐由轻变重，节奏越来越快哦！

### 丢手绢

丢呀，丢呀，丢手绢，轻轻地放在小朋友的后面，大家不要告诉他。

**提示**：在这个游戏中，你要一边跑一边唱歌，保证每一个人都能够听到你的声音。当唱到"轻轻地放在小朋友的后面"时，你的声音要变低，这样才可以顺利地把手绢丢到另一个小朋友身后，避免被他发现哦。

## 四、开始演讲吧，GO！

### 我最喜欢的衣服

亲爱的小朋友，你一定有好多漂亮的衣服，比如一身帅气的小西装、一条漂亮的花裙子，或者是妈妈亲手为你织的毛衣。在这些漂亮衣服里，你最喜欢哪一件呢？为什么喜欢？请和大家分享吧！

小朋友，你可以从以下几点来说：

1. 你最喜欢的衣服是什么样子的？

2. 衣服是谁送给你的？

3. 这件衣服有什么特殊含义吗？

4. 如果可以，你想送给爸爸、妈妈一件什么样的衣服呢？为什么？

## 第八课

## 爸爸妈妈听我说

小朋友，小演说家的演讲都需表达真情实感。在生活中爸爸妈妈是最疼爱我们的人，今天就来和爸爸妈妈说说我们的心里话吧。

### 一、读一读

**家族歌（上）**

爸爸的爸爸叫什么？爸爸的爸爸叫爷爷；
爸爸的妈妈叫什么？爸爸的妈妈叫奶奶；
爸爸的哥哥叫什么？爸爸的哥哥叫伯伯；
爸爸的弟弟叫什么？爸爸的弟弟叫叔叔；
爸爸的姐妹叫什么？爸爸的姐妹叫姑姑。

提问：小朋友，你学会了吗？让我来考考你。

　　1. 爸爸的爸爸叫什么？

　　2. 爸爸的姐妹叫什么？

## 家族歌（下）

妈妈的爸爸叫什么？妈妈的爸爸叫外公；

妈妈的妈妈叫什么？妈妈的妈妈叫外婆；

妈妈的兄弟叫什么？妈妈的兄弟叫舅舅；

妈妈的姐妹叫什么？妈妈的姐妹叫阿姨。

提问：小朋友，《家族歌》的下篇你掌握得如何？

1. 妈妈的妈妈叫什么？
2. 妈妈的兄弟叫什么？

## 二、爸爸妈妈听我说

小朋友，为爸爸妈妈读一读下面这一篇演讲稿吧。

### 谢谢爸爸妈妈

爸爸妈妈，谢谢你们！

在过去的几年时间里，

我是一颗小嫩芽，

是你们的关爱滋润我成长。

爸爸妈妈，我感谢你们！

你们为了我能更好地成长，

不仅每天照顾我，还要很辛苦地工作。

爸爸妈妈，我感谢你们！

是你们不求回报地哺育着我。

在我孤单时，你们逗我笑，让我开心；

当我伤心时，你们总是安慰我，给我信心。

爸爸妈妈，我爱你们！

你们对我的恩情，我永远报答不完。

## 三、故事时间

小朋友，你知道吗，小羊喝奶的时候是跪着的。为什么呢？来看看下面这个故事吧。

## 羊羔跪乳

很早以前，羊妈妈生了一只小羊羔，它非常疼爱小羊。

一次，羊妈妈正在给小羊喂奶。小羊对妈妈说："您对我这样疼爱，我怎样才能报答您的养育之恩呢？"羊妈妈说："我不要你报答，只要你有这一片孝心，我就心满意足了。"

小羊听后，"扑通"跪倒在地，表示难以报答妈妈的一片深情。从此，小羊每次吃奶都是跪着的。它知道是妈妈用奶水喂它长大，跪着吃奶是感激妈妈的哺乳之恩。这就是"羊羔跪乳"的故事。

**提问：**小朋友，爸爸、妈妈这么爱你，你有什么话想对他们说吗？

## 四、开始演讲吧，GO！

### 我的家

亲爱的小朋友，每个人都有一个家，谁也离不开家。这一次的演讲我们就来说一说自己的"家"是什么样子吧！

小朋友，你可以从以下几点来说：

1. 你家里都有哪些人？
2. 你家里是什么样子的？
3. 你对自己家有什么样的情感？

# 第三编
## 我的演讲动作很协调

小朋友,在生活中你是最帅气或最漂亮的,可是你有没有觉得,自己一到演讲时,紧张的状态就会让自己的表情、动作都变得不自然起来。这可怎么办?没关系,这一部分我们就来学习演讲时的动作,让身体配合好我们的演说。

第九课

## 挥挥小手更加分

小朋友,我们的双手可是有魔力的哦。手部的动作在演讲当中能起到非常大的作用,它能让你充分展现自己的魅力,让你更自然大方!挥挥小手能给你的演讲加分哦!

### 一、小游戏

**可爱的小动物们**

小朋友,请你来扮演下面的小动物吧!

小兔子:双手各伸出两个手指当兔子的耳朵,然后放到头上。(小朋友,小兔子可是充满活力的,你在台上的时候,能不能像小兔子一样充满活力呢?)

第三编 我的演讲动作很协调

大象：伸直右手臂当大象的鼻子，把左手放到自己的肩膀上。（小朋友，大象伯伯是非常稳重的，你在讲台上的时候要像大象伯伯一样稳重，双脚不要乱动哟！）

牛：两个手各伸出大拇指和小指，做出数字六的手势，当作牛角，放到额头两侧。（小朋友，牛爷爷讲话可是很有力量的，你在讲话的时候要注意把每一个字都讲清楚哟！）

<sup>māo</sup>猫：<sup>shǒu zhǐ zhāng kāi</sup>手指张开，<sup>fàng zài zuǐ bā liǎng cè</sup>放在嘴巴两侧，<sup>dàng zuò xiǎo māo de hú</sup>当作小猫的胡<sup>zi</sup>子。（小朋友，小猫咪是很可爱的，你在讲台上的时候一定不能紧张，因为一紧张就不可爱了！）

你还能想到别的小动物吗？

**加分的小手**

小朋友，下面我们来学几个可以给你的演讲加分的手势吧。

## 第三编 我的演讲动作很协调

你真棒：竖起大拇指。

我：将右手掌放于胸前，手心朝向自己。

你：手心朝上，手指朝向对方。

他：手心朝上，手掌指向他人方向。

大家：双手手心朝上，手臂向前伸出，手指朝向台下，两手比肩略宽。

wèi lái　　dān shǒu shǒu bì shēn zhí　　shǒu zhǎng gāo yú jiān bǎng
未来：单手手臂伸直，手掌高于肩膀。

shuì jiào　　shuāng shǒu hé shí　　mó fǎng zhěn tou　　tiē dào yí cè liǎn shang
睡觉：双手合十，模仿枕头，贴到一侧脸上。

聪明的小朋友，你学会了吗？你还能想出哪些手势呢？

## 二、我的站姿很挺拔

小朋友，正确端庄的站姿能让你在讲台上变得气质非凡哦！

## 第三编 我的演讲动作很协调

请你跟着下面的儿歌一起做。

### 站姿歌（zhàn zī gē）

小朋友（xiǎo péng yǒu），练站姿（liàn zhàn zī），
昂起头（áng qǐ tóu），腰挺直（yāo tǐng zhí）。
眼不斜（yǎn bù xié），身要正（shēn yào zhèng），
像士兵（xiàng shì bīng），真精神（zhēn jīng shen）。

### 站得直（zhàn de zhí）

昂首挺胸两肩平（áng shǒu tǐng xiōng liǎng jiān píng），
两腿并立手放松（liǎng tuǐ bìng lì shǒu fàng sōng），
目不斜视看前方（mù bù xié shì kàn qián fāng），
两臂下垂脚立正（liǎng bì xià chuí jiǎo lì zhèng），
站得直（zhàn de zhí），站得正（zhàn de zhèng），
身板挺拔好孩子（shēn bǎn tǐng bá hǎo hái zi）。

## 三、故事时间

### 认识新朋友（rèn shi xīn péng you）

zh 和 ch：小朋友（xiǎo péng yǒu），我们是你的新朋友（wǒ men shì nǐ de xīn péng you）zh 和 ch。

在下面的故事《信任》中，我们都有出现哦！提示你一下：主、种、吵。我们可是走了好远才到这里的，所以都带椅子。你演讲的时候，我们会坐到台下看的。所以你要好好表现，要记住我们哟。z 加椅子 zh zh zh，c 加椅子 ch ch ch。小朋友，把下面这则故事讲给你的小伙伴听吧！记得用上刚刚学会的手势哦！

$$z + 椅 = zh$$

$$c + 椅 = ch$$

## 信任

小猴和小狗是好朋友，它俩在果园里种了桃子和葡萄。秋天到了，果园里结满了果实。放眼望去，一片红色，一片紫色，很漂亮！

过了几天，小猴发现自己种的桃子少了很多。它想："莫非小狗偷吃了？"生气的小猴来到小狗家。可小狗却说："我没偷！我最讨厌吃桃子了。"于是它们吵了起来，你不让我，我不让你。"我再也不理你了。"说完小猴气呼呼地走了。

不久，小狗发现自己种的葡萄也不见了，便去找小猴评理："你怎么偷我种的葡萄！""我没偷！""偷了！"它们吵得不可开交时，突然看到了老鼠家门口的桃子核和葡萄皮，它们顿时明白了小偷是谁。小狗和小猴互相看了一眼，发现错怪了对方，于是同时说："对不起，我错怪你了。"

从此，它俩懂得了：世界上没有什么东西比信任更重要！

## 四、开始演讲吧，GO！

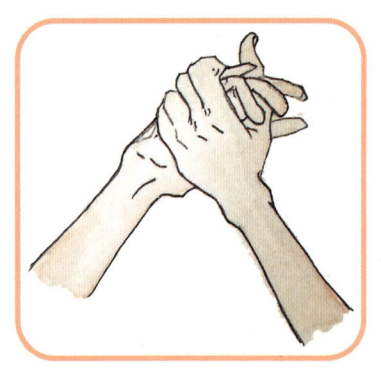

**爸爸/妈妈的手**

亲爱的小朋友，这一课我们学习了关于演讲手势的知识，那今天就让我们来讲一讲爸爸或妈妈的手吧。

我们可以这样说：

1. 摸一摸爸爸/妈妈的手，感觉一下爸爸/妈妈的手是什么样子的。

2. 爸爸/妈妈的手为什么会是这个样子的呢？（是不是和工作有关系？）

3. 爸爸/妈妈辛苦工作是为了谁呢？

## 第十课

### 眼睛是扇小窗户

人们常说眼睛是心灵的窗户。在演讲的时候，观众往往会注视着演讲者的眼睛，通过这两扇"小窗户"来感受演讲者传递的信息。眼睛如何帮助我们把演讲做得更好呢？我们一起去探索其中的奥秘吧。

### 一、灵活的小眼睛

小朋友，请根据给出的方向词，转动你灵活的小眼睛。

shàng xià zuǒ yòu
上　下　左　右

cóng shàng dào xià
从　上　到　下

cóng xià wǎng shàng
从　下　往　上

cóng zuǒ dào yòu
从　左　到　右

cóng yòu dào zuǒ
从　右　到　左

## 二、试一试

小朋友，你是不是常看到卡通人物有着炯炯有神的大眼睛？是不是特别精神、特别威风呢？你想不想也有一双这样的"大眼睛"呢？一起练习一下吧！

挑眉皱眉：要想变成大眼睛，眉毛练习很重要。挑挑眉，皱皱眉，反复5次成大眼。

转眼球：眼球眼球圆溜溜，左转5圈，右转5圈。眼睛不仅不累了，而且变得有精神了！

做对眼：鼻子在中间，眼睛在两边，齐往鼻尖看，马上做对眼（一次做3秒，重复做3次）。

左右交替闭眼：睁左眼，闭右眼。睁右眼，闭左眼。跟着我的节奏左右左、右左右！

## 古诗朗诵

小朋友，眼睛是心灵的窗户，试着朗诵下面的古诗，并用眼神与动作表现鱼儿在水中游动的方向。

## 江南 (jiāng nán)

江南可采莲，莲叶何田田，鱼戏莲叶间。
(jiāng nán kě cǎi lián, lián yè hé tián tián, yú xì lián yè jiān)

鱼戏莲叶东，鱼戏莲叶西，鱼戏莲叶南，
(yú xì lián yè dōng, yú xì lián yè xī, yú xì lián yè nán)

鱼戏莲叶北。
(yú xì lián yè běi)

### 三、故事时间

小朋友，请你把下面的故事讲出来，讲的时候要注意用眼睛"说话"哦！

#### 冬冬猫的眼睛 (dōng dōng māo de yǎn jing)

冬冬猫很乖，它喜欢坐在窗边的椅子上看东
(dōng dōng māo hěn guāi, tā xǐ huan zuò zài chuāng biān de yǐ zi shang kàn dōng)

## 第三编 我的演讲动作很协调

西。它最喜欢的是月亮,因为,在晚上,月亮笑得又圆又亮。

冬冬猫很喜欢和月亮长得像的东西。它白天坐在窗边的椅子上,用眼睛四处观察圆圆的东西。这里有,那里也有,有不会动的,也有会动的。

有时看累了,冬冬猫就把眼睛闭起来一会儿,再睁开,继续收集圆圆的东西。水里有,天空有,有的小小的,有的大大的。

月亮来看它,它说:"月亮你看!这是我找到的,但是没有一个像你那么好看!"月亮告诉它:

jìng zi li yě yǒu a　　zhēn de　jiù zài jìng zi li　　dōngdōng māo
"镜子里也有啊!""真的,就在镜子里!"冬冬猫
kàn dào le zì jǐ de yǎn jing　yòu yuán yòu liàng
看到了自己的眼睛,又圆又亮!

## 四、开始演讲吧,GO!

### 我的眼睛

亲爱的小朋友,我们每天睡醒后要做的第一件事是什么呢?是睁开眼睛。眼睛对我们来说用处可大啦!这节课来讲一讲它吧!

小朋友,你可以从这几点来说:

1. 你的眼睛是什么颜色的?

第三编 我的演讲动作很协调

2. 眼睛对我们来说有什么用?

3. 我们如何爱护眼睛?

## 第十一课

## 小脸蛋也会说话

小朋友，如果你演讲的时候做出丰富可爱的表情，观众会更喜欢你的。上节课我们探索了眼睛的奥秘，现在到了展示小脸蛋魅力的时候了，快搓搓脸准备开始吧。

### 一、表情训练

小朋友，你能在演讲中生动地做出以下表情吗？

愉快：笑起来，嘴角向上翘，眉毛放松，眼睛平眯。

情景想象：我的作业做完啦！我可以看动画片啦！

难过：嘴角向下，眉头紧锁，不开心。

情景想象：小朋友们都出去了，没有人跟我一起玩。

高兴：眉毛上挑，嘴角向上，小嘴微张。

情景想象：我今天过生日，收到了妈妈送的礼物，是我非常喜欢的一双鞋！

痛苦：皱双眉，半眯双眼，嘴角下拉。

情景想象：我着凉了，肚子好疼。

生气：眼睁圆，眉毛紧锁，微闭口唇，紧咬牙关。

情景想象：自己新买的玩具被别人弄坏了。

怎么样，聪明的你学会了吗？那"喜、怒、哀、乐"怎么表现呢？

## 二、笑容练习操

小朋友，想不想让自己笑得更自信、更美丽呢？尝试做下面的练习吧！

xiào róng bǎo chí cāo<br>**笑容保持操**

1. 张开嘴，哈哈笑。食指按嘴角，轻轻用力往上挑。心里默默数十秒。

2. 呵呵笑，呵呵笑，按住嘴角不让它往回跑。心里数十秒，我笑得最可爱！

3. 抿嘴唇，挑嘴角，笑不露齿抿嘴笑。抿嘴笑上十来秒，养成习惯笑容好。

## 第三编 我的演讲动作很协调

4. 嘴唇嘟嘟往前跑，食指按住嘴角向后推，一前一后做对抗，心里从一数到十。

小朋友，如果想要增加笑容的美感，一定要做这个练习哦！每天起床洗漱的时候，面对镜子笑一笑，然后告诉自己"我是最棒的"！

### 三、故事时间

小朋友，给爸爸妈妈讲一讲这个小故事。注意，一定要带上丰富的面部表情，这样他们就更喜欢听你讲故事啦！

#### 小黑熊游泳

小黑熊闹闹可喜欢游泳了。这天，雨后天晴了，小黑熊闹闹的脸上也露出了笑容。它跳入水中，一个猛子扎下去。小伙伴们赞叹道："闹闹真厉害！"

谁知小黑熊刚扎下去就浮上来了，只见它手捂着额头，痛苦地呻吟着。原来水太浅了，闹闹一头扎到了河底，碰伤了额头，还伤得不轻呢。这时，闹闹爸爸来了。

"爸爸，我以前扎猛子一点儿也不碍事，今天怎么就碰伤了呢？呜哇……"闹闹疼得哭了起来。

"孩子，以前河水很深，可这几天水里冲来了许

第三编 我的演讲动作很协调

多沙石，把河床给抬高了。你扎猛子，当然就会碰破额头啦。以后你一定要注意观察，不然的话受伤的就不只是额头了。"

小黑熊点点头："噢，原来是这样啊！"

## 四、开始演讲吧，GO！

### 我的爷爷和奶奶

亲爱的小朋友，爷爷奶奶在我们的心目中一般都是慈祥的，每次看到他们充满慈爱的笑容，你心里是不是特别高兴呢？小朋友，请给大家介绍一下你的爷爷奶奶吧！

小朋友，你可以从这三点来说：

1. 爷爷和奶奶多大年纪了？之前是做什么工作的？
2. 爷爷和奶奶经常有的表情和动作是什么呢？
3. 爷爷和奶奶最喜欢做什么事情呢？

第三编 我的演讲动作很协调

## 第十二课

## 我是讲台小明星

第十二课

小朋友，前面已经教给大家好几个演讲的小技巧了，你能同时把它们展现出来吗？现在是你尝试走上讲台的时候了。你要认真准备，让自己成为台风最好的演讲小明星。

### 一、这样走上讲台

**1. 话筒这样拿**

小朋友，在讲台上使用话筒时要注意三点：

(1) 拿话筒的时候要拿稳,注意开关是否打开。

(2) 话筒不能挡住你的嘴巴,最好在下巴稍下方的位置。

(3) 演讲时嘴巴不能贴着话筒,要保持适当的距离,这样你的声音会更动听哦。

## 2. 站在讲台的最中间

小朋友,我们已经知道演讲的时候如何站立了。那么当我们走上讲台的时候,我们应该站在哪里呢?

没错!一定要站在讲台的最中间。

## 3. 大胆迈步走

小朋友,一个有经验的小演说家上台、下台都是很棒的哦!

上台:走上讲台的时候,不要紧张,要自然大方,脚步不能太小也不能太大,以一步等肩宽为宜。上台转身站定之后,要记得先向台下的观众鞠躬致敬。

下台:下台之前要先向观众致谢,然后转身面向下台的方向,自然大方地走下讲台。

有的小朋友演讲完了,就不注意走下台时的样子了,这是不对的哟!

第三编 我的演讲动作很协调

## 二、试一试

小朋友，请你走上讲台，完成下面的练习，要注意刚刚讲的台风哦！

### 小白船

蓝蓝的天空银河里，有只小白船；

船上有棵桂花树，白兔在游玩。

桨儿桨儿看不见，船上也没帆，

飘呀飘呀，飘向西天。

渡过那条银河水，走向云彩国；

走过那个云彩国，再向哪里去？

在那远远的地方，闪着金光，

晨星是灯塔，照呀照得亮。

## 三、故事时间

### 认识新朋友

sh：嗨，我是今天你要认识的新朋友sh，我和zh、ch一样，我也有小凳哟。小手的"手"就是由我拼出来的。聪明的小朋友，你记住我了吗？s加椅子 sh、sh、sh。

S + 🪑 = sh

## 第三编 我的演讲动作很协调

### 小乌龟找朋友

小乌龟没有朋友,想找一个好朋友,它看到小鸟在天上飞,就问:"小鸟,你愿意和我做朋友吗?"小鸟说:"不行,我在天上飞,你在水里游,我们没有时间在一起玩。"

小乌龟很失望,它走到了森林里,看到一只猴子在树上爬,就问:"猴子,请问我可以和你做朋友吗?"猴子说:"不行不行,我在树上爬,你在地上走,我要摘果,没有时间和你一起玩。"

小乌龟走累了,就靠着大树休息。这时,一只蜗牛走过来,乌龟就问它:"小蜗牛,我们的壳就是我们的家,我可以和你做朋友吗?"小蜗牛高兴地说:"可以啊!"

第三编 我的演讲动作很协调

xiǎo wū guī zhōng yú zhǎo dào péng you le
小乌龟终于找到朋友了。

讲一讲：为什么小乌龟可以和蜗牛成为朋友呢？

四、开始演讲吧，GO！

### 我最要好的朋友

亲爱的小朋友，每个人都有自己的朋友，我们可以和朋友分享快乐、分担悲伤，还可以互相帮助、共同成长。请你给大家讲一讲你最要好的朋友吧！

你可以从这几点来说：

1. 你的这位朋友叫什么名字？长什么样子？

2. 是什么事情让你们成为朋友的？

3. 你的朋友身上有哪些优点呢？

## 第四编
## 我的演讲思路很清晰

小朋友,你有没有观察过妈妈的珍珠项链?一颗颗珍珠非常漂亮,但是每一条精美的项链都需要用一根绳子将珍珠串起来。演讲也是这样,我们的语言就像一颗颗好看的珍珠,这一部分就来教大家如何把一颗颗语言的"珍珠"串起来。

## 第十三课

# 难不倒我的"把"和"被"

小朋友,演讲就是把自己的想法有条理、有感情地表达出来。汉语里的一句话变动一两个字,意思就会变得不一样。这节课我们来学习两个汉字的神奇用法,掌握了它们,你的演讲就能表达出更为丰富的感情啦!

## 一、认识"把"和"被"

xiǎoxióng  táng  chī guāng le
小熊　糖　吃光了

这三个词如何连成一句话呢?有两种方法。

**1. 小熊把糖吃光了**。这是"把"字句。其中,小熊是主动的,糖是被动的,吃是动作。

**2. 糖被小熊吃光了**。这是"被"字句。小熊是主动的,糖是被动的,被吃掉了,吃是动作,吃光是结果。

虽然在这两个句子中小熊和糖的

第四编 我的演讲思路很清晰

顺序变了,但是句意没变哟!

聪明的小朋友,你一定发现了吧,其实,"把"字句改成"被"字句,只需把主动者和被动者换一下位置就好啦!

## 二、"把"和"被"我会用!

1. 将"微风"与"蒲公英妈妈的孩子"恰当地填入横线内。

把字句:_____把_____吹往了四面八方。

被字句:_____被_____吹往了四面八方。

2. 将下面的"把"字句改为"被"字句。

例：警察把小偷抓住了。
　　小偷被警察抓住了。

（1）风儿把乌云吹散了。

---

（2）我把手帕洗干净了。

---

（3）我把小鸟养在家里。

---

3. 将下面的"被"字句改为"把"字句。

例：小猪被小牛撞倒了。
　　小牛把小猪撞倒了。

（1）椅子被我修好了。

_____

（2）窗户被我擦干净了。

_____

（3）衣服被我叠好了。

_____

小朋友，你把这些句子写在书上还不够，读出来才棒呢！

## 三、故事时间

### 认识新朋友

x：小朋友，我是x，你爱吃的"西瓜"的"西"就是我的读音哟！在下面故事里也有我的身影呢！你能找到吗？我的口诀是：一个大叉×××。

### 小青蛙与风筝的故事

有一天，青蛙发现，山谷里有一只风筝正被风吹得转来转去。

当风筝被风吹到小青蛙身边时，风筝大喊："帮帮我，我想停下来！"小青蛙看到了风筝下

第四编 我的演讲思路很清晰

面的细线,可是,它还没来得及伸出手,风就把风筝又吹跑了。

过了一会儿风筝又被风吹到了小青蛙面前,"快,拽住我的绳子!"这回小青蛙抓住了风筝的绳子。可是,小青蛙的身体太轻了,反而被风筝带到了空中。

"完了,我再也回不了小兔家了。"风筝哭着说。原

来，它是小兔的风筝。小兔把它放上天空时，风筝的线被大风刮断了！

突然，风筝发现，自己正朝山谷外面飞去。原来小青蛙把它当成了滑翔机，利用风力控制着它飞出了山谷，飞过小溪，有惊无险地着陆在小兔家的花园里。此时，小兔正在花园里哭泣，看到小青蛙和风筝一起降落了下来，小兔抬起毛茸茸的小爪子，把眼泪擦干，拿起风筝，把小青蛙和风筝抱在怀里，开心地跳舞，庆祝风筝失而复得。

小朋友，故事中有很多的"把"字句和"被"字句，快用你的火眼金睛把它们找出来，然后看看故事里面是怎么用这两种句子的。

## 四、开始演讲吧，GO！

### 把事情做到最好

亲爱的小朋友，做任何事情都要有尽力而为的态度！你是不是一个认真执着的孩子呢？让我们开始今天的即兴演讲《把事情做到最好》吧！

你可以从这三点来说：

1. 你最喜欢的事情是什么？是唱歌、画画还是做手工？
2. 做事情的正确态度是什么？
3. 把事情做到最好会帮你养成什么样的习惯？

# 我是造句小能手

小朋友，简单来看，一篇演讲稿其实是由多个句子组成的。如果我们将一篇演讲稿比喻成房子，那么句子就是房子的墙和屋顶。房子造得好不好，关键在于墙砌得怎么样，而演讲好不好，则要看遣词造句是否合理。这节课就让我们来学习造句吧。

## 一、我会连

小朋友，下面这几个句子被打乱了，请你用线把它们重新连起来吧。

| yǔ tíng le | zhèng zài shuì wǔ jiào |
| 雨停了 | 正在睡午觉 |
| xiǎo huā māo | tài yáng gōng gong chū lái le |
| 小花猫 | 太阳公公出来了 |
| chūn tiān dào le | bà ba sòng wǒ shàng xué |
| 春天到了 | 爸爸送我上学 |
| jīn tiān zǎo shang | xiǎo cǎo lǜ le |
| 今天早上 | 小草绿了 |

第四编 我的演讲思路很清晰

正确答案：

yǔ tíng le　　tài yáng gōng gong chū lái le
雨 停 了，太 阳 公 公 出 来 了。

xiǎo huā māo zhèng zài shuì wǔ jiào
小 花 猫 正 在 睡 午 觉。

chūn tiān dào le　　xiǎo cǎo lǜ le
春 天 到 了，小 草 绿 了。

jīn tiān zǎo shang　　bà ba sòng wǒ shàng xué
今 天 早 上，爸 爸 送 我 上 学。

聪明的小朋友，你连对了吗？请跟随老师把连接好的句子大声地读出来！

## 二、模仿造句

1. 小朋友，请模仿给出的句子，填补空白。

（1）我是一个勤洗手、爱干净的好孩子。

我是一个_____、_____的好孩子。

（2）太阳公公出来了，它对我笑呀笑。

_____出来了，它对我_____。

（3）我们的老师是辛勤的园丁，我们是祖国的花朵。

我们的_____是_____，我们是_____。

2. 小朋友，请模仿给出的句子造句！

（1）春天来了，蝴蝶都穿着花衣服飞来飞去。

第四编 我的演讲思路很清晰

（2）妈妈说，自己的事情自己做才是好孩子。

（3）小兔子毛茸茸的，真可爱。

### 3. 跟着儿歌学造句

yuè liang yuán yuán　　xiàng gè pán pan　　wǒ yào shàng qù　　zhǎo nǐ wánwan
月 亮 圆 圆， 像 个 盘 盘， 我 要 上 去， 找 你 玩 玩；

xīngxīng shǎn shǎn　　hǎo xiàng míng dēng　　wǒ yào shàng qù　　zhǎo nǐ zhào míng
星 星 闪 闪， 好 像 明 灯， 我 要 上 去， 找 你 照 明。

请你模仿这首儿歌，再用"月亮""星星"来造一个句子，如果你愿意尝试的话，就用"云朵"再造一个句子吧。

yún duǒ ruǎn ruǎn　　hǎo xiàng táng guǒ　　wǒ yào shàng qù　　bǎ nǐ chī diào
云 朵 软 软， 好 像 糖 果， 我 要 上 去， 把 你 吃 掉。

小朋友，句子造好以后，别忘了大声地读出来！

## 三、小游戏

这个游戏，你可以和爸爸妈妈或小伙伴一起玩！

首先选一个关键词，如妈妈。然后，要用所选的词语造三个句子。要求所选的关键词分别出现在三个句子的句首、句中和句尾三处。三句话可以不存在逻辑关系，例如：用"妈妈"造句：

mā ma fēi cháng ài wǒ
妈 妈 非 常 爱 我。（关键词出现在句首）

wǒ de mā ma fēi cháng piào liang
我 的 妈 妈 非 常 漂 亮。（关键词出现在句中）

wǒ fēi cháng gǎn xiè wǒ de mā ma
我 非 常 感 谢 我 的 妈 妈。（关键词出现在句尾）

第四编 我的演讲思路很清晰

请用下面的词语练习（小朋友，你也可以用书本以外的词语来造句哟）：

1. 手机（shǒu jī）

2. 书包（shū bāo）

3. 小狗（xiǎo gǒu）

4. 下雨天（xià yǔ tiān）

## 四、开始演讲吧，GO！

### 我最喜欢吃的一种蔬菜

亲爱的小朋友，多吃蔬菜有益于我们的健康成长。这一次来讲一讲你最喜欢吃的一种蔬菜吧。

小朋友，你可以从这三点来说：

1. 你最喜欢吃什么蔬菜呢？

2. 多吃这种蔬菜对我们的身体有什么好处呢？

3. 你能告诉其他小朋友，这种蔬菜怎么烹饪味道最好吗？

## 第十五课

## 多问一个"为什么"

小朋友,当我们遇到不懂的问题时要多问一个为什么,这样不仅可以让我们学到更多的东西,还能为我们的演讲积累更多的材料。爱提问题的小朋友会变得更聪明!让我们开始吧!

### 一、我是答题小能手

小朋友,请你开动脑筋认真地回答下面几个问题。

#### 1. 血液有什么作用?

答:人体内部的血液就像一条流动的小河里的水,能把有用的东西,比如空气中的氧气和食物中的营养带到身体各个部位去,并运走代谢废物。

#### 2. 为什么马是站着睡觉的?

答:因为马的身体较大,又没有尖利的牙齿和脚爪,如果躺下来睡觉,一旦有猛兽袭击,要防卫和

逃跑就来不及了。久而久之，马养成了一个习惯——站着睡觉，这样如果遇到危险，就能立刻逃跑了。

### 3. 为什么牵牛花只在早上开放？

答：因为早晨的空气比较湿润，阳光也比较柔和，牵牛花体内的水分很充足，就会开出一朵朵艳丽的喇叭状花朵。到了中午，阳光强烈，空气干燥，娇嫩的牵牛花因为缺少水分而不得不悄悄地合上小喇叭。

### 4. 为什么海洋是蓝色的？

答：阳光由赤、橙、黄、绿、青、蓝、紫七种色彩构成。当阳光照射到海面上时，除了蓝色和紫色，其他5种颜色都被海水和海洋生物吸收了，只有蓝色和紫色被完全反射出来。而人的眼睛更容易感觉到蓝色，所以我们看到的海水就是蓝色的了。

亲爱的小朋友，你知道吗，在回答或者思考问题的时候，要多问一个为什么。多问一个为什么,对于我们了解事情、积累知识很有帮助。

## 二、故事时间

### 勇敢的龙虾

有一天,龙虾与螃蟹叔叔在深海中相遇,螃蟹叔叔看见龙虾正把自己的硬壳脱掉,露出娇嫩的身躯。螃蟹叔叔非常紧张地说:"龙虾,你怎么可以放弃保护自己身躯的硬壳呢?难道不怕被大鱼一口吃掉吗?"

龙虾气定神闲地回答："谢谢你的关心，但是你不知道，我们每次成长，都必须先脱掉旧壳，这样才能生长出更坚固的外壳。现在面对危险，都是为将来生活得更好而作准备。"

螃蟹叔叔仔细想了一下，自己整天只找可以避居的地方，而没有想过如何让自己成长得更强壮，整天只活在别人的保护之下，难怪永远没有办法独立生存。

**想一想：**

1. 龙虾为什么要把自己的外壳脱掉？

2. 小朋友，你想像龙虾一样还是像螃蟹叔叔一样呢？

3. 小朋友，如果你是螃蟹叔叔，会怎么做？为什么？

## 三、我也会提问

小朋友，下面我们将从"问原因""问过程"和"问结果"三个方面来学习如何提问。

1. "问原因"。原因就是做一件事的目的、理由，如：小羊盖房子是为了遮风挡雨。

第四编 我的演讲思路很清晰

例：（1）云为什么是白色的？

（2）天上的星星为什么看起来一闪一闪的？

（3）螃蟹为什么总是横行呢？

2."问过程"。过程指的是一件事情发展所经过的程序，如：刷牙的过程是挤好牙膏并准备好漱口水，用牙刷从里到外、有顺序地刷，最后用清水漱口，就可以把牙齿刷得又白又亮。

例：（1）吃饭前要怎么洗手？

（2）我最爱吃的红烧肉是怎么做的呢？

（3）小手工风车是怎么做的呢？

3."问结果"。结果指经过一定阶段，事物发展所达到的最后状态，如：小明通过自己的刻苦学习，终于获得了优秀小演说家的称号。

例：（1）小老鼠每天睡前都吃糖，最后怎么样了？

（2）小红去参加演讲比赛，结果怎么样了？

（3）我最后能不能成为一名小演说家？

## 四、开始演讲吧，GO！

### 为什么……

亲爱的小朋友，相信你的大脑里充满了对这个世界的好奇。请给上面的演讲题目补充一个你最想探究的问题，例如：为什么天是蓝的？为什么树是绿的？为什么大海的颜色不同？你可以从书本中寻找答案，也可以请教爸爸、妈妈和老师，最后做一个即兴演讲。

第四编 我的演讲思路很清晰

小朋友，你可以从这三点来说：

1. 你为什么对这个问题感兴趣？
2. 这个问题的正确答案是什么？
3. 弄清楚这个问题对大家有什么帮助？

第十六课

# 给图片排个队

小朋友,演讲中的语序是思维逻辑的重要体现。我们先从简单的排序开始,培养你的逻辑思维能力。这节课里有很多的图片和故事,可是它们却调皮地坐错了座位。现在懂事的你来让它们重新坐回自己的座位吧!

## 一、图片也会说话

小朋友,图片也会"说话"哟!让我们看看,这些图片都"说"了些什么吧。

xiǎo zhū kuài zhǎng dà<br>**小猪快长大**

1. "shā shā shā" "shā shā shā" , chūn yǔ xià gè bù tíng 。xiǎo zhū dū nang dào : "yǐ jīng sān tiān méi chū qù wán le 。"

1. "沙沙沙""沙沙沙",春雨下个不停。小猪嘟囔道:"已经三天没出去玩了。"

第四编 我的演讲思路很清晰

2."嘎嘎嘎",小鸭来了。她凑到小猪的耳边说:"小猪,你知道吗,淋了雨我们就会长大的。"

3. 小猪不相信,他来到花园里。哇,他发现玫瑰长出了好多好多花苞。

4. 啊,小柳树发出了好多绿芽,长得比小猪都高了。小猪心想:"小鸭说得对,淋了雨就会长大的。"

第四编 我的演讲思路很清晰

5. 小猪找来了伙伴们。"你们想快快长大吗？"小猪问。小刺猬、小花狗、小鸭大声回答："想呀想呀，想极了！"

6. 大家扔掉了雨伞、脱掉了雨衣，跳着、喊着："我要快快长大！我要快快长大！"

7. 猪妈妈看见了,赶紧把孩子们都叫回家:"哎呀,你们一个个都被雨淋湿了,快进屋拿自己的毛巾擦擦。"

8. 大家换上干衣服。小猪喊道:"咦,衣服没有变小?"小狗也叫:"奇怪,裤子没变短?"小刺猬叹口气:"唉,还是够不到。"

9."嘎嘎嘎",小鸭摸着脑袋说:"我们怎么都没有长大呢?"

10.猪妈妈笑着说:"你们和泥土里生长的花呀、草呀、树呀不一样,你们只要好好吃饭,乖乖睡觉,高高兴兴地玩,就会快快长大了!"

**想一想**：小朋友，如果打乱这些图片的顺序，你能根据故事内容把它们按原来的顺序排列吗？

## 二、试一试

小朋友，请你根据给出的故事内容，给下面的图片排个队。

### 送小伞

1. 下雨啦！小白兔打着一把小花伞在雨中蹦蹦跳跳，玩得好高兴。小雨点打在小伞上，"滴答""滴答"，真好听。

第四编 我的演讲思路很清晰

2. 小白兔看到一群鸡宝宝缩在鸡妈妈的翅膀下面，可怜地"叽叽"叫着："小雨小雨，快停下！小雨小雨，你别下！"

3. 小白兔奇怪地问："下雨多好呀！快来和我一起玩吧！""不行啊！"小鸡们摇摇头："我们没有伞，不能出去玩！"

4. 小白兔想了想，有了一个好主意。她采了一篮子小蘑菇，说："小鸡小鸡，你们别急，我会给你们每人送一把小伞的。"

5. 嘿！白蘑菇、灰蘑菇、花蘑菇，每只小鸡打着一把蘑菇伞。小雨点唱得更欢快了，小白兔也更快乐了！

## 第四编 我的演讲思路很清晰

### 认识新朋友

r：小朋友，你看我像什么？像不像一棵刚刚长出来的小芽？"如果"的"如"就有我呢。你可别忘了我，我是你的好朋友r。小树发芽rrr。

### 小地鼠和小松鼠

在一个阳光明媚、万里无云的日子里，小松鼠在森林里悠然自得地散步。忽然，它看见小地鼠从地里钻了出来，便上前说："嗨，我的地鼠兄弟，你在这儿干什么呢？"

"我在练习钻地绝技呀!"小地鼠骄傲地回答。"哼,钻地?又脏又臭,算什么绝技啊!看看我的!"话音未落,小松鼠便冲上了树梢。小地鼠瞟了一眼,不屑地说道:"不就是爬树吗?有什么了不起的!""那我们来比赛!"它们异口同声地向对方下了挑战书。

## 第四编 我的演讲思路很清晰

第一个项目：爬树。只见小松鼠张开细长的四肢，像超人一样"飞"上树枝。小地鼠也不甘落后。它拖着肥胖的身子，迈开胖乎乎的腿，慢慢地往上爬。爬到一半，它没踩稳，掉了下去，扑通一声，摔了个屁股蹲儿。

"哈哈！不行了吧？"小松鼠嘲笑道。"你别得意，下一项比赛我赢定了！"小地鼠红着脸争辩到。

第二个项目：钻地。比赛一开始，小地鼠就伸出尖利无比的爪子，迅速挖起洞来。小松鼠也挖起了洞，可没多久，它便感觉爪子很疼，仔细一看，爪子旁边不知道什么时候划了一道口子，还渗出了血。小松鼠想放弃，但是又怕被小地鼠嘲笑，它只好忍着疼痛继续挖。

这时大象伯伯看到了它们,说:"不要再比了。"小松鼠和小地鼠都问为什么。大象伯伯说道:"每个人都有自己的长处和短处,你们俩非要拿自己的长处和别人的短处相比较,这样是不会有结果的。"小松鼠和小地鼠明白了大象伯伯的话,重新成了好朋友。

### 三、读故事,排顺序

亲爱的小朋友,你发现了吗,只有逻辑正确,故事才会变得通顺。演讲也是如此,演讲需要正确的逻辑来引导,否则就会变得语无伦次、不知所云。

第四编　我的演讲思路很清晰

### 认识新朋友

z、s：小朋友，我们是你的新朋友z和s。你能认出我们吗？嘴zui，嗓sang。在下面的故事中你找到我们了吗？要记住我们哟！像个2字zzz；半个8字sss。

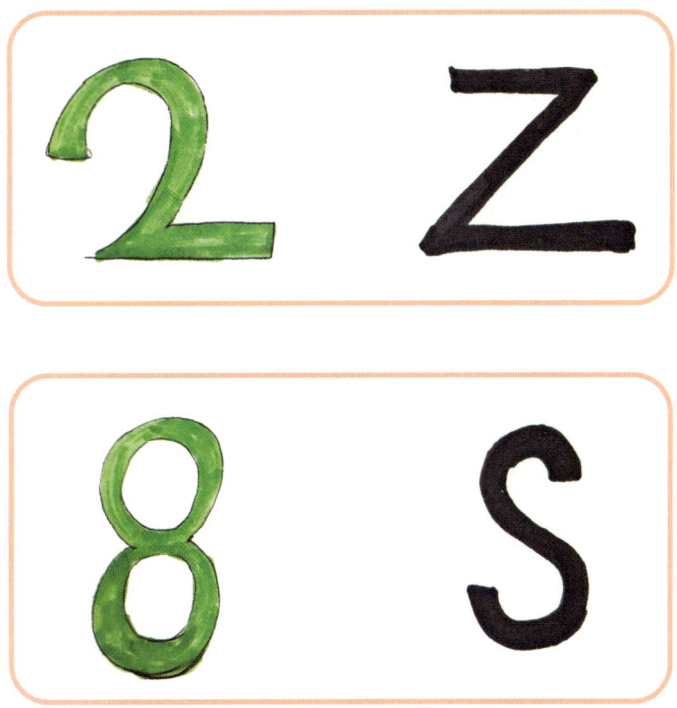

下面请你挑战一下高难度问题：读一读后面的故事，然后按正确的顺序重新排。

## 狐狸和乌鸦

1. 乌鸦听了非常得意："说我嗓子好，爱听我唱歌的只有你狐狸。"于是就高兴地唱了起来。刚一张嘴，肉就从嘴里掉了下去。狐狸叼起肉就钻到洞里去了，只留下乌鸦在那里"歌唱"。

第四编 我的演讲思路很清晰

2. 由于乌鸦站在树枝上，嘴里叼着肉，狐狸在树下没有办法得到肉。狐狸对肉垂涎三尺，不肯轻易放弃。它眼珠一转说："亲爱的乌鸦，您好吗？"乌鸦没有回答。狐狸只好赔着笑脸又说："亲爱的乌鸦，您的孩子好吗？"

3. 森林里有棵大树，树上住着乌鸦。树下有个洞，洞里住着一只狐狸。一天，乌鸦叼来一块肉，站在树上休息，被狐狸看到了。狐狸垂涎欲滴，很想从乌鸦嘴里得到那块肉。

第四编 我的演讲思路很清晰

4. 乌鸦看了狐狸一眼，还是没有回答。狐狸摇摇尾巴，第三次说话了："亲爱的乌鸦，您的羽毛真漂亮，麻雀比起您来，就差远了。您的嗓子真好，谁都爱听您唱歌，您就唱几句吧！"

小朋友，故事的顺序你排对了吗？（3-2-4-1）请你把排好的故事读出来吧。

## 四、开始演讲吧,GO!

### 四季的故事

亲爱的小朋友,春、夏、秋、冬是大自然中四季的顺序:春暖花开的春天,烈日炎炎的夏天,秋高气爽的秋天,以及白雪皑皑的冬天。在四季里发生过哪些让你印象深刻的故事?给我们讲一讲吧!

小朋友,你可以从这几点来说:

1. 你最喜欢四季中的哪个季节呢?为什么?

2. 在你喜欢的季节里能做哪些事情呢?

3. 为什么这些事情能够给你留下深刻的印象?

## 第五编
## 走上讲台我能行

小朋友,在这一部分你要开始尝试各种类型的演讲啦。你与初级小演说家只有一步之遥了,现在是不是很激动呢?准备好了吗?让我们坚持走完最后一步吧!

第十七课

# 说说我是谁

小朋友，演说家登台演讲时说的第一个内容就是自我介绍，目的是让听众知道是谁在演讲，是谁在表达观点、态度。这节课，让我们来学习如何以小演说家的姿态向听众介绍"我是谁"吧！

## 一、小试身手

小朋友，尝试介绍一下自己吧！如果你不会做，可以按照下面的方法试一试。

### 1. 家庭聚会

首先，告诉大家你是谁。

接下来，说说今天聚在一起的人都有谁。

然后，说说大家为什么要聚在一起。

最后，说几句祝福大家的话吧！

2. 班级

首先,告诉大家你是谁,几岁了,哪里人。

接下来,说说你最想让大家了解的你的优点。

然后,跟大家分享一个关于你的小故事。

最后,说希望能和大家成为好朋友。

### 3. 公共场合

首先，告诉大家你是谁、几岁了、哪里人，你的爸爸妈妈是谁，家里有几口人。

接下来，告诉大家你的爱好是什么，或者你最喜欢的食物、运动是什么，还可以说一说让你开心的事、自豪的事。这些在前面都练习过，你可以在这里实践一下。

最后，告诉大家你的梦想。

## 二、看看别人怎么做

这里有其他小朋友的自我介绍，让我们看看他们是怎么介绍的吧！

## 第五编 走上讲台我能行

### 1. 家庭聚会中的自我介绍示例

亲爱的各位长辈,大家好!

我叫项灵,我的英文名字叫Lucky,今年四岁半了。可爱的小羊是我的属相。我的爸爸是项梁,妈妈是沈月兰。

今天来的有我的爷爷奶奶,还有大伯、小叔、二姑、大舅、小婶和他们的家人。感谢大家抽出时间来我家玩,欢迎大家。搬了家以后,我的玩具朋友们就有更大的地方玩啦!欢迎大家以后多来我家做客,我家的阳台上有许多漂亮的、粉红的太阳花。每当太阳公公升起来的时候,它们就开了,太阳公公下

山的时候，它们就合拢了，很有趣的！

最后，祝爷爷奶奶身体健康，祝各位长辈工作顺利！

## 2. 班级中的自我介绍示例

我叫谢轶，凡人轶事的轶，爸爸妈妈觉得我做一个平凡的人就可以了，生活中的很多事不一定要争第一，一个人只要健康快乐、敬老爱幼、待人诚信，就可以了。

很高兴可以成为这个班级大家庭中的一员。我会发挥我"开心果"的长处，让这个大家庭充满欢乐。希望在以后相处的时间里可以和同学们一起好好学习，一起进步！目前有一些缺点伴随着我，我会努力克服，也请老师和同学们帮助我！

最后，我的老家在秦岭脚下的一个山村，它是我的最爱。我经常在假期去玩，那里有很多漂亮的野花和可爱的动物，我也想请同学们有空跟我回老家玩耍。

谢谢大家！

## 3. 公共场合的自我介绍示例

大家好！现在轮到我给大家做自我介绍啦！

我叫吴密，属马。我是小太阳幼儿园草莓班的小朋友。我喜欢画画，尤其喜欢画花花草草和小鸟。我最喜欢《智慧树》里的红果果和绿泡泡了，因为他们总是让我学到很多生活小常识。你们喜欢什么，能告诉我吗？

告诉大家一个小秘密哟，其实我有好多奇怪的名字呢！幼儿园里的小朋友都叫我小米，爸爸叫我乖米，妈妈叫我咪咪。外婆说我像个小大人，所以叫我老菠菜，外公说我一会儿哭一会儿笑的，所以叫我变色龙。我们班孙老师、吴老师给我起了个英文名字叫吉米。哈哈！我的名字很多，数也数不清，我想你们大概不会有我这么多名字吧！你们记住了我的哪一个名字呢？赶快告诉我吧！

我非常愿意和你们成为好朋友，谢谢大家！

看了上面其他小朋友的自我介绍，你是不是也想做一个自我介绍呢？尝试一下吧。

（1）今天是小叔结婚的日子，亲朋好友都来到了现场，现在请你做一个自我介绍。

（2）你参加了一个课外演讲辅导班，今天是你第一次与同学们见面，请你做一个自我介绍。

（3）你和爸爸妈妈参加旅游团，在旅游车上给大家做一个自我介绍。

## 三、故事时间

### 认识新朋友

W：小朋友，我的发音和"屋"相同，在很多的故事里都有我呢。你看我像不像两个屋顶连在一起呢？我的口诀就是：屋顶相连ｗｗｗ。

# 小蝌蚪的故事

有一群小蝌蚪,摇着尾巴无忧无虑地在河里游来游去。突然迎面游来了一只小鹅,小鹅看见了它们,惊讶地说:"天啊!你们是什么东西,蛇不像蛇,鱼不像鱼,只长了一条尾巴,真难看。"

小蝌蚪们争先恐后地说:"我们是小蝌蚪,长大后会变成青蛙的。"

小鹅傲慢地伸长了脖子,显然不相信它们的话。它说:"哦,青蛙!我知道,它一身绿衣是庄稼的卫士,我们崇拜的对象!可是你们能变成青蛙?不会是丑小鸭变天鹅的童话看多了吧!"说完,小鹅抖着翅膀,仰着头游走了。

小蝌蚪们听了小鹅的话,很伤心,它们躲在荷叶下面委屈地哭了起来,再也不想露出水面了。

正巧一只乌龟游了过来,见小蝌蚪们哭得可怜,问它们发生了什么事。小蝌蚪们哭哭啼啼地把刚才和小鹅的对话说了一遍,然后很小声地说:"我们

不知道怎么解释,我们真的是青蛙。"

乌龟听完哈哈大笑,说:"傻孩子,有些事根本不需要解释,时间可以说明一切。"

小蝌蚪们听完激动得忘记了哭,瞪着大大的眼睛连声问:"乌龟爷爷,真的吗?"

乌龟指了指它们的身体说:"你们瞧,你们都长出两条后腿了,马上就要变成青蛙了。"

小蝌蚪们低头一看,哎呦!真的长出来了!它们这才高兴地浮出水面。

不要因为别人的话而否定自己,要相信自己的能力。

## 四、开始演讲吧,GO!

### 说说我自己

小朋友,自我介绍可以拉近你和小伙伴之间的距离哦!通过上面的学习,你学会如何做自我介绍了吗?你可以从以下三个方面进行自我介绍。

1. 你叫什么，几岁了，来自哪里。

2. 你的性格有哪些特点，希望交到哪些朋友。

3. 你有哪些兴趣爱好，和大家分享一下兴趣爱好带给你的快乐。

## 第十八课

## 家庭聚会演讲

小朋友，家庭聚会演讲是礼节性演讲的一种，它主要有两个目的——表达感谢以及营造好的氛围。对于要做小演说家的你来说，家庭聚会可是大显身手的好机会呢！这节课我们来练习一下如何在家庭聚会上演讲吧！

### 一、看看别人怎么做

**1. 家庭聚会演讲范例一（生日聚会）**

尊敬的各位长辈：

大家中午好！

我是李明，谢谢大家来参加我5岁的生日聚会！有你们的陪伴，这次生日将会是我童年最美好的回忆。有你们的祝福，我一定可以健康茁壮地长大。

在这个特别的日子里，我有很多话想跟大家说。

首先要感谢各位长辈，谢谢你们对我的关心和爱护。然后要感谢教我知识的老师和帮助我的同学们。最后要谢谢我的爸爸妈妈，谢谢你们给了我一个温暖的家。在你们的呵护下，我像一棵小树，幸福茁壮地成长！我爱你们！在以后的日子里，我会继续努力，好好学习，天天向上，长大当一名科学家来报答你们！

最后祝在座的爷爷奶奶、叔叔阿姨和小朋友们健康快乐，幸福平安！

## 2. 家庭聚会演讲范例二（大寿聚会）

亲爱的爷爷奶奶、叔叔阿姨：

我是小君，首先，谢谢大家参加这个生日聚会。我代表全家祝爷爷六十岁生日快乐，身体健康，长命百岁。

爷爷一直都对我格外爱护。爷爷经常给我讲故事，陪我猜谜语、玩游戏。他一直陪伴在我身旁，我高兴时，他跟着我高兴，我难过时，他就给我讲笑话，来逗我高兴；不管我犯了什么错，他都会耐心地

## 第五编 走上讲台我能行

给我讲道理，教育我，并帮助我改正错误。比如躺在沙发上看电视这个毛病，我总是改不了，但是爷爷还是耐心管教我。

现在，虽然爷爷年纪大了，头发和胡子花白，但是他还一直牵挂着我。爸爸常跟我说："一定要孝顺爷爷。"所以，我一定会努力学习，长大后给爷爷买一间大房子让他住！

最后，我再次祝爷爷六十大寿快乐，福如东海，寿比南山！谢谢大家！

## 3. 家庭聚会演讲范例三（除夕聚会）

亲爱的爷爷奶奶，叔叔阿姨：

大家晚上好！我是张成。今天是除夕之夜，大家聚在一起，在这里我祝在座的所有人新年快乐！

我一直都很好奇，为什么大年三十要叫"除夕"呢？后来爷爷告诉我，有一个传说：古时候有个凶恶的怪兽叫夕，每到岁末便出来害人，后来人们知道夕最怕红色和声响，于是大年三十晚上，家家户户贴红春联、燃放爆竹来驱除夕兽，以求新一年的安宁。后来，这个习俗流传了下来，大年三十的夜晚因此叫除夕了。

其实我很喜欢除夕夜，因为在除夕夜啊，我们全家人可以欢欢喜喜地在一起，吃美味的年夜饭，还有奶奶亲手包的饺子！我最期待的，还是吃完年夜饭跟哥哥姐姐去放烟花，烟花可好看啦！在这里呢，我祝所有人在新的一年里身体健康，万事如意！对啦，各位长辈别忘了给我压岁钱啊！

谢谢大家！

## 二、小试身手

小朋友，如果你过生日的时候，家里的亲戚朋友都来参加你的生日聚会，或者长辈过生日的时候，爸爸妈妈带你去为长辈庆祝生日，那么作为小演说家的你，想好怎么表达感谢和营造气氛了吗？

假设今天是你的生日，请作为主人来做一个演讲吧！

## 三、开始演讲吧,GO!

小朋友,你知道怎么做家庭聚会演讲了吗?下面有请我们的小演说家来一展身手吧!(从中选一题来做演讲)

1. 端午节的家庭聚会演讲
2. 妈妈生日聚会上的演讲
3. 父亲节的家庭聚会演讲

第五编 走上讲台我能行

## 第十九课

## 节日庆典演讲

第十九课

小朋友，我们每一年都要过很多的节日，例如元旦、中秋节、国庆节，还有属于小朋友们的节日——六一儿童节。如果过节时需要做个演讲，你敢不敢呢？来挑战一下吧！

## 一、小试身手

小朋友，你知道的节日都有哪些？请你选择一个最喜欢的节日，按照我们给出的方法试着做一个小演讲吧！

首先，要自我介绍，内容包括我是谁、几岁了、来自哪个幼儿园、演讲的主题跟哪个节日有关。

接下来，讲主要的内容，比如，这个节日是怎么来的，有什么意义，在这个节日里我们要做什么，还可以给大家讲一讲与这个节日有关的小故事。

最后，可以说说自己对这个节日有什么期许，比如中秋节可以和家人分享美味的月饼，母亲节可以表达对妈妈爱等。演讲的结尾不要忘了给大家送上节日的美好祝愿啊！

## 二、看看别人怎么做

### 1. 六一儿童节演讲范文

亲爱的老师、爷爷奶奶、爸爸妈妈、小朋友们：

大家好！我是中一班的张雯。今天是六一国际儿童节，小朋友们欢聚一堂，唱歌、跳舞，庆祝我们自己的节日。幼儿园就是我们的家，是快乐的摇篮！这里有好老师，好伙伴，我们在这里学习、成长、玩耍。

六一的花儿是香香的，六一的小草是绿绿的，六一的歌儿是甜甜的，六一的小朋友是美美的。我爱我们的家——小太阳幼儿园。谢谢大家！

## 2. 元旦演讲范文

亲爱的老师们、同学们：

大家早上好！我叫李立，今年5岁，来自开心果幼儿园。今天我的元旦演讲题目是《快快乐乐迎新年》。

新年的钟声已经敲响，我们又长大了一岁，我们应该变得更加懂事，对父母、老师和其他长辈更加有礼貌。在新年里，我要做好下面几件事：

（1）上课我要更加认真听讲，努力成为班里的小学霸；

（2）给每一个同学送去祝福，特别是闹过别扭的同学，新的一年，我一定和他们成为好朋友；

（3）我要为爸爸妈妈做一些力所能及的事情，比如做家务；

（4）最后，努力改正自己挑食的坏习惯，做一个乖宝宝。

小朋友们，这是我的新年计划，那你的新年计划是什么呢？

谢谢大家！

### 3. 中秋节演讲范文

亲爱的老师、小朋友们：

你们好！

我是来自小月亮幼儿园的王嘉楠，今天是中秋节，祝大家中秋节快乐！今天，我演讲的题目是《月儿圆圆》。

八月十五到了，圆圆的月儿升起来了，她露出甜甜的笑脸，向我们微笑，向我们祝福呢！

中秋节到了，人们都坐在一起吃月饼赏月呢，月宫里的嫦娥姐姐，有人跟你作伴吗？月宫里的小

玉兔，你想来我们这里，一起吃月饼吗？等我长大了，就坐着飞船去看你们，可要等着我哟！

中秋节到了，吃着香甜的月饼，陪伴在爸爸妈妈的身边，多么幸福呀！爸爸妈妈告诉我，还有一些小朋友不能和爸爸妈妈一起过中秋节，我多想让那些小伙伴和我一样幸福呀！

中秋月儿圆圆，我祝愿天下所有的人都团团圆圆！谢谢大家！

## 三、故事时间

### 认识新朋友

c：小朋友们大家好，我是小c，你看我像什么，像不像半个圆？"小草"的"草"，它的声母就是我。你还知道哪些字的声母是我吗？赶紧找一找吧。像个半圆ccc。

# 刺猬和狐狸

刺猬和狐狸在小溪边相遇了。狐狸看了一眼刺猬说:"你看看我身上的皮毛,又柔软又光亮,多么漂亮。你身上长了那么多又硬又尖的刺,难看死了。我劝你还是尽快想办法把讨厌的刺拔了。"

刺猬问狐狸:"如果我把刺都拔掉,就变得漂亮了?"狐狸忙说:"对对,肯定漂亮。听我的,绝对不会错。"

狐狸又在小溪边遇见了刺猬。今天刺猬身上披着一片大树叶,只把小脑袋露在外边。狐狸见刺猬这个模样,心想,刺猬一定把刺全拔了。

他装出关心的样子问道:"你今天怎么披了一片大树叶,身体不舒服吗?"刺猬说:"我听了你的劝告,把身上的刺都拔光了,如今浑身光溜溜的像个肉蛋,我怕别人讥笑我,所以披着树叶。"

狐狸听刺猬这么一说,高兴得在地上翻了一个筋斗。他冷笑一声,晃着脑袋说:"你浑身是刺,老虎也拿你没办法,如今你中了我狐狸的计,成了肉蛋,正好做我的点心。"

狐狸说完,"嗖"地一下向刺猬猛扑上去,刺猬"哗"的一下迅速抖落身上的树叶,把身子蜷成了一个圆球。

流着口水的狐狸一下扑在了刺球上,尖利的刺刺进了他的身体,他疼得哇哇直叫,赶紧逃跑了。

## 四、开始演讲吧,GO!

小朋友,现在以《祖国母亲的生日》为题,走上讲台做一个精彩的演讲吧!你可以从以下三个方面来进行演讲。

1. 为什么我们总是把祖国比作母亲？

2. 我国的国庆节是怎么来的？

3. 未来你能够为祖国母亲做哪些事情呢？如何才能做到？

第五编 走上讲台我能行

## 第二十课

# 班级演讲

第二十课

小朋友，班级演讲需要向同学们阐明一个观点或者讲述一个道理，它的最终目的是鼓励同学们在某方面采取积极的行动。这对你是不是具有一定的挑战性呢？如果你拥有这样的演说能力，未来在当班干部时就能得心应手了！

## 一、小试身手

小朋友，我们的每一次生活课都会有一个主题，比如"自己的事情自己做""争做讲卫生的好孩子"等，能告诉我你参加过哪些主题的生活课吗？在这些课上你是如何表现的？有的小朋友会觉得班级演讲很难，其实啊，一点儿都不难。你只要分几步就可以把它做好。

第一步：先简短地自我介绍一下，然后结合主题告诉大家你演讲的题目是什么。

第二步：讲明自己的观点和立场，也就是给其他小朋友讲一个道理，要让他们思考一个问题。

第三步：讲事实或者引用一个故事来支持你的观点，这样既可以吸引听众的注意力，调动他们的情绪，也可以让他们对你的观点进行深入的思考。

第四步：结尾再次强调你的演讲主题。你还可以鼓励同学们采取一些行动。

## 二、看看别人怎么做

1. 演讲主题：人人都要讲卫生

各位老师好，小朋友们好，我是田小茂，来自红花幼儿园大米班，今天我演讲的题目是《人人都要讲卫生》。

## 第五编 走上讲台我能行

首先,我们要保持良好的个人卫生习惯。要勤洗手,多清洁。比如,在打完喷嚏、做完手工、写完作业之后,以及吃饭之前一定要记得洗手。洗完手后用干净的毛巾或者纸巾把手擦干。有些同学有咬手指和吮吸手指的坏习惯,一定要改正哦,因为手上有很多细菌,咬手指是不卫生的。大家要牢记"病从口入"这句话哟!

其次,要注意环境卫生。我们每个人都有保持校园环境整洁干净的责任,有些同学吃完瓜果喜欢乱丢果皮,这不仅会滋生细菌,还会影响我们的校园环境。在此,我号召大家,不要随手乱扔果皮纸屑,一定要养成垃圾入篓的好习惯,爱护校园环境从我做起。

老师们、小朋友们,我们都要讲卫生,这不仅与我们自身的健康有关,也与生活的环境有关。让我们从自身做起,做一个讲卫生的好宝宝吧!

谢谢大家!

## 2. 演讲主题：自己的事情自己做

亲爱的老师、同学们：

大家好！我是羊羊班的小朋友朱小浩，今天我参加班级演讲的题目是《自己的事情自己做》。

我们已经是小大人儿了，在家里，要学会整理自己的东西：叠衣服、放袜子、收拾玩具。饭前要自己洗手，饭后要主动漱口。在周末的时候还要帮爸爸妈妈做力所能及的家务事。

在幼儿园里，要摆放好自己的学习用品和玩具。午休后养成叠被子的习惯。我们每天上学和放学时要把小书包整理得整整齐齐。

小朋友们，行动起来，自己的事情自己做，成为爸爸妈妈眼里最懂事的孩子吧！谢谢大家！


## 3. 演讲主题：做个诚实的好孩子

亲爱的老师们、同学们：

大家早上好！我是柠檬班的吴小海。今天，我演讲的题目是《做一个诚实的好孩子》。

第五编 走上讲台我能行

首先，我给大家讲个故事。从前，有一位国王，年纪大了，没有子女。他想从全国的孩子中挑选一个做继承人。他吩咐大臣给每个孩子发一些花种子并宣布：谁能用这些种子培育出最美的花，谁就是国王的继承人。有个叫雄日的男孩儿，十分用心地培育花种子。十天过去了，一个月过去了，可是花盆里的种子连芽都没冒出来。雄日又给种子施了些肥，浇了点儿水。他天天看啊，看啊，种子还是不发芽。国王规定的日子到了。许多孩子都捧着一盆盛开的鲜花拥上街头。只有雄日端着空花盆前来。最后，他被选中了。

其实，孩子们得到的花种子都已被蒸过，根本不可能发芽。这个故事告诉我们，诚实是非常高尚的品质。

同学们，做一个诚实的孩子一点也不难。比如跟别人说话时，不说假话；自己捡到了钱物，要主动交给失主或老师；犯了错误，要主动承认；答应别人的事，要努力办到等。

诚实是我们国家的传统美德，它是一种态度，一份坚持。它离我们有时很远，有时又很近。同学们，让我们一起努力做个诚实的好孩子吧！

谢谢大家！

## 三、故事时间

### 认识新朋友

y：亲爱的小朋友，我是你的新朋友y，你们穿的衣服的"衣"就是我的发音，在上面的故事里也有我的身影，你找出来了吗？我的口诀是：像个树杈y y y。

## 一次比一次有进步

菜园里,冬瓜躺在地上,茄子挂在枝上。

屋檐下,燕子妈妈对小燕子说:"你到菜园去,看看冬瓜和茄子有什么不一样?"

小燕子去了,回来说:"妈妈,妈妈,冬瓜大,茄子小!"

燕子妈妈说:"你说得对。你能不能再去看看,还有什么不一样?"

小燕子又去了,回来说:"妈妈,妈妈,冬瓜是绿的,茄子是紫的!"

燕子妈妈点点头,说:"很好。可是,你能不能再去仔细看看,它们还有什么不一样?"

小燕子又去了,回来高兴地说:"妈妈,妈妈,我发现冬瓜的皮上有细毛,茄子的柄上有小刺。"

燕子妈妈笑了,说:"你一次比一次有进步!"

## 四、开始演讲吧,GO!

小朋友,挑选一个你最喜欢的主题来做班级演讲吧!

1. 做善解人意的暖心孩子

2. 热爱学习

3. 文明用语乖宝宝

4. 爱护小动物

5. 争做班级小能手

## 幼儿园毕业演讲

小朋友，幼儿园生活的结束意味着你将迎来人生中的第一个毕业季！它既是人生难忘时光的结束，又是新阶段的开始，值得好好总结一下。今天就让我们来做一次幼儿园毕业演讲，为难忘的幼儿园生活画上圆满的句号吧！

### 一、小试身手

亲爱的小朋友，你即将离开幼儿园，是不是有很多话想对你的老师和同学们说呢？请尝试表达出来吧！

首先，对大家进行真诚的问候。

其次，可以说说学习期间那些难忘的事情和难忘的人。

再次，可以畅想未来。

最后，向老师和同学们表达不舍和谢意。

## 第五编 走上讲台我能行

## 二、看看别人怎么做

### 1. 演讲主题：我会永远记得你

各位老师、小朋友们：

大家好！

我是大四班的张天天。时间过得真快，一转眼，我们就要毕业了。这里是我们成长的第一个台阶，是我们最快乐和幸福的家！就要分别了，真舍不得……

还记得，我们刚离开爸爸妈妈、爷爷奶奶来到幼儿园的时候，许多小朋友又哭又喊。是老师们给了我们温暖：给我们盛饭，照顾我们喝水，中午睡觉时给我们盖被子，和我们做游戏，教我们画画、唱歌、跳舞，教我们如何和别的小朋友相处……

就这样，我们慢慢地喜欢上了幼儿园，到后来深深地爱上了这个班级。可现在我们就要毕业，离开这个温暖的大家庭了。我想对幼儿园的每位老师说："老师辛苦了！我爱你们！我会常回来看你们的。"

谢谢大家！

## 2. 演讲主题：我要毕业了

各位老师、家长、小朋友们：

大家好！

我在这个幼儿园生活了整整3年，从一个小不点儿长成了懂事的大孩子，我的成长离不开老师的辛勤培育，我的成长也离不开小伙伴们的帮助与关爱。

亲爱的老师,谢谢你们像妈妈一样爱护和照顾着我们。记得刚来幼儿园时,我们不会自己穿衣、吃饭、上厕所,但你们用爱、用微笑、用耐心,一件一件教会我们,让我们感受到这个大家庭的温暖,我们从不爱上幼儿园变成喜欢上了这里的一切。

我亲爱的小伙伴们,3年来,我们一起跳舞、歌唱、锻炼、欢笑。当然我也惹过你们生气,我在这里说声"对不起"。时间过得真快,我们马上就要分别了,但我不会忘记你们。

幼儿园,是我人生的第一个成长台阶,我会永远记得这里!

谢谢大家!

## 三、开始演讲吧,GO!

小朋友,回想一下你在幼儿园的经历,是不是不仅每天都过得很快乐,还学到了许多的知识,交到了不少好朋友?现在请你走上讲台,以《我的幼儿园》为题做一个毕业演讲吧!

小朋友，你可以从以下几个方面来讲：

1. 到幼儿园的第一天，你有什么表现？

2. 你是怎样和大家成为好朋友的？今天有哪些话和大家说？

3. 你最喜欢哪几位老师？为什么？

4. 你马上就要从幼儿园毕业了，做好当小学生的准备了吗？

## 第二十二课

# 登上演讲台

小朋友，经过小演说家初级阶段的学习，你是不是已经掌握了书中所教的所有演讲技巧呢？只要你通过了这节课的小测验，你就是一名初级的小演说家了！准备好了吗？让我们开始吧！

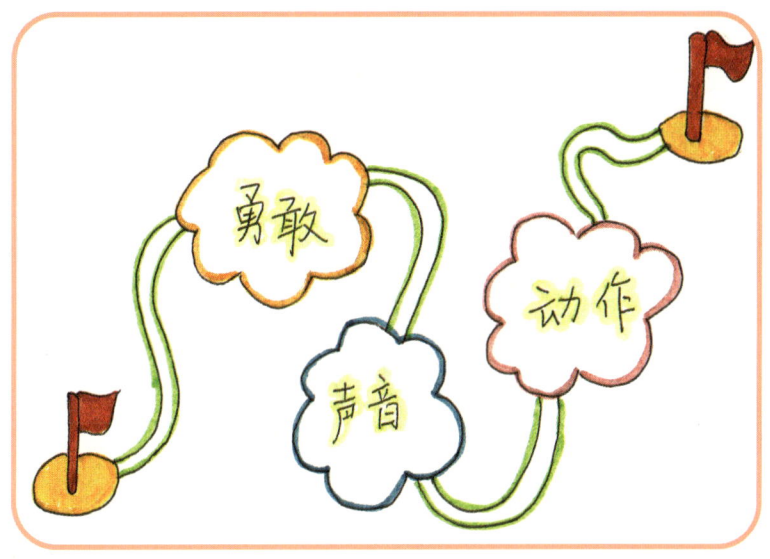

## 一、故事知多少

小朋友，要做一名小演说家，需要在大脑里存储大量的故事！现在展示一下你的储备吧。请结合下面的主题来给大家讲一

个小故事吧!

1. 友爱
2. 亲情
3. 自信
4. 勇敢
5. 快乐

## 二、情景模拟难不倒

我就知道讲故事难不倒聪明的你,接下来请根据模拟的情景做一个演讲吧!

1. 进入新的班级,自我介绍演讲。

第五编 走上讲台我能行

mǎ shàng jiù shì láo dòng jié le　zuò yí gè jié rì yǎn jiǎng
2. 马 上 就 是 劳 动 节 了，做 一 个 节 日 演 讲。

yuán xiāo jié de jiā tíng jù huì yǎn jiǎng　nǐ néng fǒu jiǎng de jīng cǎi
3. 元 宵 节 的 家 庭 聚 会 演 讲，你 能 否 讲 得 精 彩。

4. 班里召开班会，主题是《做一个讲礼貌的孩子》，请做一个演讲。

## 三、主题演讲最在行

小朋友，你真棒！欢迎来到主题演讲挑战环节，在这里，请根据给定的主题和提示演讲！这个演讲做完，你就可以领取小演说家的奖状了！

### 1. 我的家人

**提示**：首先可以介绍一下家人的具体情况，比如家里有几口人，他们都是谁，他们是做什么工作的，然后可以跟大家分享一件你与家人之间开心的、难忘的事情。最后可以抒发情感，表达对家人的爱。

### 2. 我的祖国

**提示**：我们的祖国是中国，她是一个历史悠久的国家。我们可以通过描写祖国某一处壮丽的山水来表达我们对祖国大好河山的热爱，也可以通过介绍历史长河中的一段史实来抒发我们的爱国之情。

### 3. 朋友

提示：朋友是陪伴我们一生的人，是与我们一起玩耍、一起学习的人。你可以介绍一下你的朋友，告诉大家你们相识的过程或是这个朋友有哪些值得你学习的地方。

### 4. 老师

提示：老师教给我们知识，教导我们成长。首先，你可以给大家介绍一下你的老师，然后分享一个你与老师之间最难忘的故事或者是老师教给你的一个道理，最后说说老师对你的影响。

## 四、登上演讲台

亲爱的小朋友，祝贺你顺利地完成了"小小演说家"第一阶段的课程，成功地登上了演讲台。在授予你"初级小演说家"的荣誉称号之前，你还需要发表一段感言，给大家说一说你成为小演说家的感受。

恭喜你成为初级小演说家。但你可不要骄傲自满，因为初级小演说家还不是最厉害的哟！想要成为更厉害的小演说家，那就请打开"小小演说家"第二阶段的课本吧！那里还有更好玩的挑战在等着你呢！

"我是小小演说家"丛书
全套音频讲解与示范

# 小演说家阶梯训练
## （3—6岁）

李亚铭 主编

家长读本

中国传媒大学出版社
·北京·

## 编 委 会

主　编：李亚铭

副主编：王　煜　巨　梦　段　宇　李　阳

编　委：毕雪玉　王灏玺　李　虓　赵　琛　李　鹏

　　　　赵仕明　谢丹阳　李艺苑　卓倩茹　李　波

　　　　南引娣　贠　瑶　张艺群　胡　蝶　赵媛媛

# 目录

**第一编 少儿演讲，从清晰表达开始 / 1**

第一课 拼音——演讲与表达的阶梯 / 4
一、家长小学堂 / 4
二、亲子协同练习 / 7
三、家长小贴士 / 7

第二课 声音——演讲入门的必修课 / 8
一、家长小学堂 / 8
二、亲子协同练习 / 10
三、家长小贴士 / 11

第三课 气息——演讲声音的发动机 / 12
一、家长小学堂 / 12
二、亲子协同练习 / 14
三、家长小贴士 / 15

第四课 调值——演讲韵律的节拍器 / 16
一、家长小学堂 / 16
二、亲子协同练习 / 19
三、家长小贴士 / 19

**第二编 走进少儿演讲者的心理世界 / 21**

第五课 自信是打开演讲大门的钥匙 / 24
一、家长小学堂 / 24
二、亲子协同练习 / 26
三、家长小贴士 / 26

第六课 演讲从分享开始 / 28
一、家长小学堂 / 28
二、亲子协同练习 / 30
三、家长小贴士 / 31

第七课 3—6岁儿童的语言认知与心理 / 32
一、家长小学堂 / 32
二、亲子协同练习 / 35
三、家长小贴士 / 36

第八课 少儿演讲的受众意识 / 37
一、家长小学堂 / 37
二、亲子协同练习 / 39
三、家长小贴士 / 39

## 第三编　少儿演讲的非言语表达 / 41

### 第九课　少儿演讲中的手势 / 43
一、家长小学堂　/ 43
二、亲子协同练习　/ 45
三、家长小贴士　/ 47

### 第十课　少儿演讲中的目光 / 48
一、家长小学堂　/ 48
二、亲子协同练习　/ 49
三、家长小贴士　/ 50

### 第十一课　少儿演讲中的面部表情 / 51
一、家长小学堂　/ 51
二、亲子协同练习　/ 52
三、家长小贴士　/ 53

### 第十二课　少儿演讲中的形象塑造 / 54
一、家长小学堂　/ 54
二、亲子协同练习　/ 55
三、家长小贴士　/ 56

## 第四编　少儿演讲的逻辑思维 / 57

### 第十三课　演讲中常用的两种语法表现形式 / 59
一、家长小学堂　/ 59
二、亲子协同练习　/ 61
三、家长小贴士　/ 61

### 第十四课　儿童语言的组织和创意 / 63
一、家长小学堂　/ 63
二、亲子协同练习　/ 65
三、家长小贴士　/ 66

### 第十五课　演讲思维能力的培养方法 / 67
一、家长小学堂　/ 67
二、亲子协同练习　/ 68
三、家长小贴士　/ 70

### 第十六课　演讲逻辑的培养练习 / 71
一、家长小学堂　/ 71
二、亲子协同练习　/ 72
三、家长小贴士　/ 73

## 第五编　少儿演讲在实际生活中的应用 / 75

### 第十七课　少儿演讲入门——自我介绍演讲 / 77
一、家长小学堂　/ 77
二、亲子协同练习　/ 78
三、家长小贴士　/ 79

### 第十八课　展示孩子口才的好时机——家庭聚会 / 82
一、家长小学堂　/ 82
二、亲子协同练习　/ 84
三、家长小贴士　/ 84

第十九课　少儿演讲的常见类型——节日演讲 / 85

一、家长小学堂 / 85

二、亲子协同练习 / 87

三、家长小贴士 / 88

第二十课　树立少儿自信的途径——班级演讲 / 89

一、家长小学堂 / 89

二、亲子协同练习 / 90

三、家长小贴士 / 91

第二十一课　培养少儿仪式感的重要方法——幼儿园毕业演讲 / 92

一、家长小学堂 / 92

二、亲子协同练习 / 93

三、家长小贴士 / 94

第二十二课　少儿演讲的基本要求与评估标准 / 95

一、家长小学堂 / 95

二、亲子协同练习 / 96

三、家长小贴士 / 96

结　语 / 97

附1　3—6岁幼儿演讲基本要求 / 98

一、讲 / 98

二、演 / 99

附2　评分表 / 101

# 第一编

# 少儿演讲，从清晰表达开始

欢迎您带领孩子走进《小演说家阶梯训练》第一阶梯的学习！我们将与您携手，帮助孩子迈上成为小演说家的征程。演讲是一个向听众分享信息、表达立场、传递情感的语言交际过程。学习演讲不仅能够锻炼孩子的语言表达能力，还能够磨砺其胆量、拓展其思维，让其学会思辨。演讲能力的培养将助力孩子在未来的成长中脱颖而出，成为群体中的意见领袖。

演讲话语作为信息和情感的载体，其清晰、明了程度尤为重要。在听演讲的过程中，听众会格外关注演讲者的语音面貌。因此，规范孩子的语音发声、锻炼孩子的表达逻辑是本部分课程的重点。

锤炼语音面貌是成为小小演说家的必修课。为了使孩子拥有悦耳动听的嗓音，家长需要根据辅导读本在课后引导其进行长时间的科学训练。研究表明，3—6岁是儿童发音能力发展的飞跃期，这个阶段的孩子在语音上的进步最为明显。在这一时期，我们应该重视孩子的发音能力的发展，否则可能会出现口齿不清、说话含混、吸气不足、说话无力等情况，严重时甚至会出现口吃等言语障碍综合征。这些语音问题不仅会影响演讲的效果，而且会给孩子的日常生活带来不便。本部分根据儿童语言能力的发展特点，从语言的基本建构、科学发声、乐趣训练、演讲练习等几个方面设计课程，既能让孩子开启演讲学习大门，又能帮助孩子养成良好的语言表达习惯。接下来，我们将从演讲的基础——清晰的语音开始。

科学的发声方法是提升演讲语音面貌的基础性条件。良好的发音训练能让孩子的声音变得清透优美，气息绵延徐长。经过儿歌、绕口令的训练，孩子能够把握更细腻的情感，使演讲更加灵动，听众也会感觉舒适。这一部分课程有以下几个特点。

1.拼音形象化。将每个拼音以卡通的形象介绍给孩子，这一方面可以锻炼孩子认识与区分拼音的能力，另一方面可以在学习初期就培养孩子交流时的对象感。

2.表达儿歌化。此部分可以激发孩子学习拼音的兴趣，让孩子在朗诵的同时，巩固所学的拼音知识，也让最简单的叙事逻辑在孩子的话语意识里发芽。

3.训练游戏化。将游戏与科学发声训练相结合。在第三课中，我们用趣味游戏的方式，帮助孩子掌握科学发声的技巧。

4.调值韵律化。引导孩子初步了解调值的概念，使孩子演讲时语言更有韵律感。

此外，我们还将综合覆盖本部分课程的知识点，通过专题项目集中训练的方式系统化巩固孩子所学的语音知识。这一部分关于语音和气息的练习能为孩子演讲时的内容与情感表达打下坚实的基础，也能使孩子的演讲发声达到较高的水准。孩子的演讲学习之路此时才刚刚起步，让我们用更多的耐心和鼓励帮助他们走向成功！

# 第一课

# 拼音——演讲与表达的阶梯

## 一、家长小学堂

熟练掌握汉语拼音是学好普通话的基础，而拥有一口流利标准的普通话则是成功发表一场演讲的先决条件。3—6岁的孩子正处于语音塑造的黄金时期。在这一课中，我们将根据孩子的接受能力，由浅入深地进行教学。从元音开始，逐步让孩子掌握拼音字母的识读，为其学习演讲发音打下良好的基础。

元音又称母音，是在发音过程中气流不受阻碍地通过口腔时所发出的声音。在汉语拼音当中，元音字母是最基础的拼音字母，也是最容易发音的拼音字母。在这一课中，为了方便孩子理解，我们将这些元音形象化、拟人化，这不仅有利于培养孩子与拼音之间的"感情"，也有利于培养孩子在演讲时的对象感。

1—6岁儿童的语言发展过程具有显著的阶段性特征。其中，1—3岁儿童处于语言快速发展期，3—6岁儿童处于语言稳定发展期，孩子在这个阶段能掌握80%以上的发音。我们可以说，孩子在3—6岁学习语音是非常重要的。

在学习过程中，孩子发音不规范的原因往往有三点。

1.家庭方言环境的影响

家长说话带有方言口音，会对孩子的发音习惯造成严重影响。孩子在方言环境中生活久了，听觉神经会固化对方言的感知。孩子在这样的基础上学习普通话，往往会反应迟钝，不能准确地分辨出每个字的读音。我们针对这一问题将家长与孩子的互动环节加入课堂练习中，家长在陪伴孩子练习时也要注意自身的语音规范，尽可能为孩子提供一个良好的口语学习环境。如果家长自身在规范发音方面有困难，可以扫码获取儿童读本中的示范读音，以此来引导孩子学习。

2.汉语拼音学习难度的影响

（1）汉语拼音是一种抽象的表音符号，难读、难记、易混淆。3—6岁儿童的学习理解能力尚未成熟，想要让其在短时间内学会声母、韵母、声调以及准确地拼读音节，具有一定的难度。针对这一特点，我们会在课堂中，以游戏的方式把拼音像朋友一样介绍给孩子，这能够减轻孩子与抽象的拼音之间的距离感，让孩子更容易接受。同时，将易记的、朗朗上口的绕口令、儿歌与拼音练习相结合，让孩子对这些练习产生兴趣的同时不断熟悉拼音。

（2）发音部位名称，如"软腭""硬腭""齿龈"等词比较专业，对于3—6岁儿童来说，实在难以理解。孩子很难准确找到某些发音部位，这会使孩子发音不到位。针对这一情况，我们准备了指示图片和练习材料，通过让孩子反复地练习和加强对发音部位的感知来解决这一难题。

（3）在拼音中有较多形近的声母和韵母，孩子区分它们有一定的困难。如b、d、p、q这四个声母，半圆位置不同，发音就不同，而半圆的位置与发音又没有本质联系，这就给孩子识记声母造成了一些困难。在本书的练习中，我们将拼音全部形象化、具体化，这样可以让孩子更容易分辨和理解这些拼音字母。

（4）yuan、yue、yun、ye等16个音节为何被称为整体认读音节（不用拼读即可直接认读的音节）？孩子以目前的认知水平理解这些音节会有不小的困难。本书将其融入小故事，让孩子通过不断重复拼读记住这些整体认读音节。

### 3. 孩子生理、心理特点的影响

3—6岁的孩子对气息的调控不够灵活，对声调把握不准，且对事物的感知不够精细，这可能导致孩子无法分辨形近的声母、韵母，以及在拼读时丢掉介音等。拼写困难与视觉记忆存在缺陷也有着紧密联系，比如孩子很难记住单个字母以及字母在拼音中的次序，常把词中字母的次序颠倒，如把"hui"拼成"hiu"，把"tou"拼成"tuo"。因此，我们给书中需要孩子读的文字标注了正确的拼音，以帮助孩子学习和记忆拼音。在后面的学习中，我们还设计了许多有针对性的课程来帮助孩子解决这些难题。

规范的语音发声既是一项技术也是一门艺术，要想掌握这一技艺需要经历一个较为漫长的训练过程。在孩子掌握了元音之后，我们会让孩子陆续接触其他拼音字母，不断完善孩子的语音知识。

## 二、亲子协同练习

**1. 请您辅导孩子做本课的绕口令练习**

在辅导孩子读绕口令的时候，可以把绕口令扩展成一个故事以帮助孩子理解。例如，"宽宽的河，肥肥的鹅，鹅要过河，河要渡鹅"，您可以这么跟孩子说："胖胖的鹅叔叔要到小河的另一边去，小河很宽很宽。鹅叔叔对小河说：'小河小河，我要从你身上游到另一边去哟。'小河对鹅叔叔说：'好的，那你到我身上来，我渡你过去吧！'"

**2. 请您辅导孩子完成"故事时间"的练习**

您可以先把故事给孩子讲一遍，再让孩子朗读。另外，您要引导孩子理解故事的内涵。如："小兔借了小猫的书以后，给小猫的书包了书皮，这样书就不会被弄脏，也不会折角了，小兔还准时把书还给了小猫。所以你以后借别人的东西要爱惜，也要守信用准时归还。"

## 三、家长小贴士

这一年龄段的孩子正处于语言塑形期，您要多用普通话与其交流，尽可能为孩子营造一个规范的语言环境。此外，在日常生活中，您可以鼓励孩子多多积累好词好句，并引导孩子用新积累的语言素材描述自己的所见所闻。

# 第二课

# 声音——演讲入门的必修课

## 一、家长小学堂

声音是演说家传递信息的主要载体,声音的训练在演讲教学中是最基础的部分。每个孩子的嗓音各有特点,或深沉,或洪亮,或尖细高扬,有人声如软玉,也有人鼻音浓重。每个人声带的先天条件不同,但如果接受正确的声带训练,就能够有效地改善个人的声带状况,提升发音质量。在这一课中,我们将以声音的响度训练为核心,让孩子掌握控制声音的技巧与方法。

响度,俗称音量。我们通常说的声音变化是指音量高低的变化。演讲时的声音需达到一定的响度才能让听众听清楚。人们在正常说话时,音量应该维持在40—60分贝。演讲者在演讲过程中,要根据情感的需要、空间的大小以及听众分布等情况,随时调整声音响度,以保证取得好的演讲效果;要做到低而不虚,沉而不浊,富有变化,以突出演讲的层次感和声音的魅力。但3—6岁孩子的理解能力有限,若不经过有针对性的训练,则不太容易有意识地根据现实情况来调控自己的声音,所

第一编 少儿演讲，从清晰表达开始

以加强孩子这方面的练习是很重要的。

在孩子练习演讲时，家长需要提醒孩子根据演讲的内容来改变声音的响度。比如：当孩子演讲到高亢激昂的部分时，家长要提醒他提高响度，以带动听众的情绪。当孩子在描绘舒缓的意境时，家长要提醒他降低声音的响度来渲染现场的氛围，对声音的响度把握不当会极大地破坏演讲的意境。当孩子讲到重点内容时，家长同样要让他提高响度来重读，以起到强调作用。当然，不同类型的演讲对响度的要求也不一样。孩子声音响度的变化，应符合演讲内容在情感和意境等方面的要求。

帮助孩子练习控制响度时应注意以下两个方面。

一是提醒孩子在演讲时要保证声音清晰。只有清晰的发音才能保证准确地传递演讲信息，这就要求孩子发声状态积极，集中舌、唇的力量。演讲时，舌头强劲有力、在口腔中活动积极，声音就会清晰；如果舌头松软无力，发声就会缺乏阻气力度，声音就会变得模糊（您可以让孩子张开嘴唇、咬住牙关数数，孩子数得越清晰，说明孩子的唇舌力量越好）。

二是提醒孩子在演讲时要加强对场面的控制。能够根据现场人数、场地大小、演讲内容、情绪强弱等因素对声音响度进行调控是实现控场的关键。在进行本节课的练习时，家长可以转换训练地点或者邀请亲朋好友作为观众，检验孩子能否根据环境的变化调整音量。如果孩子做到了，那么家长要给予其回应与鼓励，这既可以增强孩子的自信心，也能够助力其控场能力的提升。

在本课中，我们根据3—6岁孩子的接受能力，设置了情境丰富的小练习，主要是为了培养孩子在不同的生活情境下控制音量的能力。同时，本课还设有故事朗读练习，鼓励孩子通过朗读故事性较强的文章，独立控制音量大小，增强其演讲时判断所需音量大小的能力。足够响的声音，可以让人感觉声音丰润、饱满，富有表现力。响度较低的声音，适于抒发感情、舒缓情绪，但不适合多层次和多起伏的演讲。

## 二、亲子协同练习

### 1. 请您辅导孩子完成儿歌《小花猫》和《数鸭》的训练

一般而言，人悄悄说话时声音响度为12分贝，在正常情况下说话时声音响度为40分贝，高声喊叫时声音响度为60分贝。朗读这两首儿歌的时候，有的内容需要声音响亮一些，例如开头的部分，有的内容需要声音轻柔一些，例如模仿小花猫的叫声和数鸭子只数的时候。您在指导孩子练习时虽然没有必要严格测控声音的响度，但是一定要帮助孩子确认声音的响度是否符合儿歌里的场景。

### 2. 请再模拟几个情景来辅导孩子练习控制声音

选择一些与孩子生活息息相关的场景，这样可以让他们有更加直观的感受，以便进行声音控制训练。比如：让孩子讲个睡前故事（讲睡前故事的情景），让孩子安慰被雷声吓到的小狗

（打雷下雨时安慰小狗的情景）等。

## 三、家长小贴士

控制声音的训练较为灵活，您可以适时引导孩子结合当下情境进行练习。但请注意，无论是在日常生活中还是在专门训练时，您都要密切关注孩子的嗓音状态，避免孩子出现用嗓过度的情况。3—6岁的孩子正处于发音系统快速发育的时期，声带十分稚嫩，用嗓过度会伤害声带。所以，如果发现孩子的声音出现沙哑等异常情况，需要立刻停止练习，让孩子嗓声休息。

# 第三课

# 气息——演讲声音的发动机

## 一、家长小学堂

"气乃音之帅",这是语言工作者公认的科学发声原则。众所周知,人声是依靠声带震动产生的。但是,单纯运用声带发声是不能满足演讲要求的。想要嗓音富有弹性,就需要源源不断地为声带供给气流。所以要想音质优美、语言清晰,必须有充足的气息作为基础。对一个合格的演说家来讲,充足的气息不仅是支撑其演讲的基础,更是其充分表达感情、感染听众的最有效的工具。想要培养一个优秀的演说家,您需要从现在开始让孩子接受有关气息的训练,增加其肺活量,增强其对气息的控制能力。

优美动听的发声离不开气息的支撑,字正腔圆的发音需要正确地运用气息。在练习演讲的过程中,有些人经常会出现气短的情况,这是不会运用气息的表现。有些孩子虽然吸气吸得很深,但一开口讲话气息就会立马泄掉。气息浅短的情况在孩子身上表现得比较明显。如果解决了控制气息这一难题,孩子的声音就会变得自然通畅、圆润柔和。

在生活中，很多人把演讲所用的"气息"与我国传统戏剧中的"气息"混淆了。在本课，我们主要引导孩子学习演讲中常用的气息使用方法——"胸腹联合式呼吸法"。这种呼吸法使气息具有柔韧性和弹性，可以有效锻炼孩子的肺活量，能够满足演讲对气息的要求。

想要掌握灵活控制气息的技能，就要学会使用小腹的两股力量，即两肋左右打开的力和横膈膜向下把气息"拽住"的力。这两股力不仅可以保持气息的深度，还能让演讲者在演讲时气息均匀、流畅、持久。保持住气息的深度，也就保证了共鸣管道的通畅。使用胸腹联合式呼吸法，可以在吸气后扩大两肋空间，使横膈膜下降、小腹微收。这种呼吸活动范围大、伸缩性强，可以使气息均匀平衡。理想的状态是做到"吸气一大片，呼气一条线，气断情不断，声断意不断"。

在本课中，我们根据3—6岁孩子的身体发育程度以及学习能力，在气息练习中加入了数数、读绕口令、读儿歌等形式。采用科学的练习方式可将气息练习系统化，增强孩子气息强度、提高其语言表达的连贯性。我们采用儿童化的、浅显形象的教学用语，并用形象的比喻，把抽象的发声方法和发声位置具象化，用孩子易懂的词语解释烦琐的理论，把复杂抽象的气息训练变得简单、轻松、活泼，使孩子容易接受。

## 二、亲子协同练习

1. 请使用下面的方法指导孩子进行气息练习

（1）慢吸慢呼

要求：双目平视前方，头正，肩放松，像在旷野闻吸花香一样，慢慢吸足气。此时应感觉到腹部充气膨胀，气入丹田，同时要收小腹。保持几秒后，轻缓呼出。

（2）快吸慢呼

要求：快速短促地吸气，之后缓缓呼出，配合吐字，做到气息平稳均匀。这是演讲训练中经常用到的方法。呼气时，可以通过以下词语练习发声：

巴　拔　把　爸　　　　低　答　底　大

练习气息的方法还有很多，比如您可以在生活中引导孩子做闻饭香和数红旗的练习，或者教孩子从1数到100甚至更多，让孩子尝试用更多不同的练习方法来增强气息。

2. 辅导孩子描述故事中黄牛伯伯的形象

需要孩子用语言描述黄牛伯伯的样子的时候，您可以这样引导他：书上画的黄牛伯伯跟青蛙有什么不一样呢？黄牛伯伯是黄色的，青蛙是绿色的；黄牛伯伯有两只角，青蛙是没有角的……然后再让孩子说说黄牛伯伯的样子。

## 三、家长小贴士

值得注意的是，3—6岁孩子的声带及其他发声器官都处于发育状态。孩子的喉腔较窄，声门窄而短，声带短小而柔弱、细薄，不够坚韧，因此孩子的声调较成人高，声带较易疲劳。发音时间过长，发声方法不正确，或者经常哭闹、大声喊叫，都会使孩子的声带受到伤害，也容易使声带变厚。所以在日常生活中您要注意提醒孩子保护声带，科学用嗓。

# 第四课

## 调值——演讲韵律的节拍器

### 一、家长小学堂

汉语拼音是帮助孩子识字、阅读和纠正发音的有效工具。在孩子学习汉语拼音的过程中,掌握声调是非常重要的。声调是音节的高低升降,主要由音高决定。准确的声调是演讲字正腔圆的基础,应伴随着演讲者情感的变化而变化。通过这节课的学习,孩子可以清楚地认识普通话的声调。

调值是用数值来标示声调的高低、升降、曲直、长短和幅度的变化的。调值只表示相对音高,不表示绝对音高。每个人的声带厚薄、长短、粗细不同,音域也各不相同,所以同一个音节的绝对音高是千差万别的,无法用确定的数值表示。

汉语拼音有4种基本的调值,即阴平,用"ˉ"表示,如lā;阳平,用"ˊ"表示,如lá;上声,用"ˇ"表示,如lǎ;去声,用"ˋ"表示,如là。我们通常将这些调值称为一声、二声、三声、四声。在拼音中,声调具有加强语气、区分读音、使语言连贯等功能。声调符号要标在音节的主要元音上,按a、 o、e、i、u、ü的顺序标。其中，在i和u同时出现的韵母中，调值需要标在最后一个元音上；给i标调值时应先去掉i上的点，再标调值。

声调是汉语音节中不可缺少的成分，它同声母、韵母一样，有区别词语意义的作用，少了声调就无法辨义。在汉语拼音中，声母有21个，韵母有36个，基本声调有4个。若不计声调，音节数量约为400个；若计声调，除去轻声，约有1200个音节。声调使音节数量增加了两倍。不仅如此，声调还可以美化听感，这一点在古代诗词的平仄协调和律动押韵上体现得尤为明显。

3—6岁的孩子处在一个对世界充满好奇却认知能力不足的成长阶段，通常会在学习声调的过程中产生困惑，对他们来说理解和运用声调有一定的难度。孩子在学习声调时常出现以下两种错误。

（1）调值读不准，也就是我们通常所说的调值不到位。例如，把"火箭"念成"活尖"，把"发射火箭"念成"法摄活尖"，把"肚子"念成"堵子"。

（2）如果按照四个声调的顺序读字音，孩子可以轻松读出，但是如果随机指定一个声调要求孩子读出，孩子通常会显得束手无策，而且会暗暗地从一声读起，一直顺到指定的声调。

造成以上问题的原因有以下几点。

（1）对于3—6岁的孩子来说，声调标记只是一些没有情感的、完全抽象的符号，他们没有办法很好地理解运用。因此，孩子大多处于一种困难的、被动的、无趣味的学习过程中。

（2）3—6岁的孩子在学前教育中很少接触声调。由于没有系统地学习过语音基础知识，因此孩子的声调经常出现错误，这会使演讲效果大打折扣。这类问题如果在语音认知阶段没有得到纠正，日后会变得极其顽固，难以纠正。

（3）方言音的影响。方言中的调值与普通话的调值可能不同，如31调值和21调值就是山东淄博方言中四声的调值。在演讲中使用方言调值会严重影响观众的听觉感受，破坏演讲的整体美感。在方言的耳濡目染下，孩子易形成习惯，之后再改正就会难上加难。因此，让孩子从小建立正确的声调意识是非常重要的。

（4）缺乏自我控制和调节声带的意识与能力。声调取决于音高，而声调的调型及调值又取决于人们发音时声带的松紧变化。孩子若未接受过这方面的训练，缺乏自我调节声带的意识和能力，就会出现误读调型的情况。在演讲台上，任何一个小小的错误都会被放大，而调值的错误会显得很突兀，常会破坏演讲气氛。

本课在综合孩子的接受情况以及声调在演讲中的应用方法的基础上，用声调儿歌的练习形式帮助孩子学习，再通过朗读儿歌、诗歌等小练习加强孩子对声调的印象。除此之外，我们还针对第一编的内容设计了一次综合测评，这样既可以让孩子巩固学到的知识，又可以让家长详细了解孩子的学习情况，以便让孩子更有针对性地进行后续的训练。

## 二、亲子协同练习

1. 请您辅导孩子完成声母"m"和"f"的学习，并且教孩子识读下列汉字

m：买、梅、明、民　　　f：发、方、夫、风

2. 请您辅导孩子完成情景模拟练习

在情景模拟游戏中，请您扮演观众来认真观看孩子的表演，并给他鼓励。当孩子读的时候，您一定要认真倾听，不要打击孩子的积极性。如果孩子在读的时候出现错误，您要及时地指出并纠正，建议您以正确的示范让孩子加深记忆。

3. 请您辅导孩子完成本课的演讲练习

您在指导孩子学习本课的演讲内容时，要多对孩子进行提示性的引导。比如，针对爸爸喜欢吃什么的问题，您可以提示孩子："你喜欢吃的也是爸爸喜欢吃的，你想想你喜欢吃什么？"另外，当孩子想不起来故事的时候，您也可以带孩子回忆你们之间的小故事，这样做不仅为此次演讲提供了素材，也培养了孩子的逻辑推理能力。

## 三、家长小贴士

调型指的是声调的升降变化。例如：上声是一种由半低降到

最低又往上升到半高，呈曲折型的声调，我们称之为"曲折的调型"。

您可以在"小考时间"后先让孩子自己检查并总结，然后再给孩子指出其未发现的错误。另外，您也可以根据孩子的学习情况，适当地调整小考的难易程度，增添或删减题目。

# 第二编
# 走进少儿演讲者的心理世界

本编课程和您一起关注如何树立起孩子演讲时的良好心态。演讲者不仅可以用声音表达内心世界、刻画外界事物的形象，还能叙述过去或展望未来。自信的表达可以让演讲内容更富有感染力与说服力。对于3—6岁的孩子来说，在学会熟练表达之前，首先需要克服恐惧心理。在这一部分，我们将从演讲心理的角度，帮助孩子树立信心、培养气质，让孩子以自信的形象走上演讲台，成为一个自信满满的小演说家。

研究表明，孩子在3岁时开始形成自我肯定的观念，这种自信的感觉随着年龄的增长而日趋增强，在4岁的时候达到顶峰。4—6岁孩子的自信程度开始呈现下降趋势，表现为孩子随着年龄的增长而"越来越不敢说话"。3—6岁孩子的社交范围逐渐扩大，除亲人之外，他们还开始与身边的同龄人接触。在生活中，家长要多鼓励孩子通过大胆与人对话、交往，以此帮助他们树立自信心。

自信不仅是孩子成才的钥匙，也是演讲成功不可或缺的心理因素之一。英国哲学家培根曾这样描述自信:"深窥自己的心,而后发觉一切奇迹在你自己。"自信心会让孩子不惧困难,积极尝试,不断追求更好的成绩。3—6岁是孩子培养自信的关键时期,很多孩子因缺乏自信而说话声音极小甚至不敢说话。缺乏自信的孩子即使很聪明、拥有很丰富的想象力,也会因为自卑而不敢说话。这一阶段的孩子,害怕演讲的原因有两点:一是他们没有经历过当众发言,二是他们不能确定演讲的结果如何。对大多数初次走上讲台的演讲者来说,当众说话的结果是一个未知数,他们无法预测演讲会产生什么效果,心里不免感到焦虑和恐惧,因此即便演讲者做好了充足的准备,在演讲时也可能因为紧张而大脑一片空白。演讲的环境与受众不是固定的,演讲者想要在不同的受众面前自信地开口讲话,不仅需要学习专业的演讲知识,还要在专业人士的指导下坚持不懈地练习。家长需要明白,孩子的每一次开口说话都是在为登台演讲做准备,孩子只要不断提升自身的表达欲望和信心,就能克服恐惧心理。

依据3—6岁年龄段儿童的发育特征和演讲心理学的基本原理,本课不仅设置了介绍演讲技巧的讲解部分,还安排了生活化的演讲小练习,旨在帮助孩子将演讲技巧灵活运用到日常生活中,逐渐改善自卑、紧张等情绪。同时通过小游戏的方式,增加孩子与家长以及同学之间的互动,减轻孩子当众讲话的心理负担。

本部分内容分为"我是最棒的""我快乐我分享""我是声音的掌控者""爸爸妈妈听我说"等四个环节。课程设置思路

## 第二编 走进少儿演讲者的心理世界

如下：第五课，用自我暗示的方法让孩子发现自己的闪光点，促使他们进行积极的自我评价，从而形成积极阳光的性格，建立一种有根可寻的自信。第六课，让孩子学会精神上的"分享"，有意识地去分享自己的故事，为演讲打下良好的基础。与此同时，我们还将引导孩子去发现身边值得分享的事，为演讲积累大量的素材。第七课，让孩子学会根据演讲的内容控制自己声音的响度和音调，使演讲更加富有感染力。第八课，让孩子尝试在家人面前演讲，为以后在陌生环境中演讲打下基础。

本部分从敢演讲、想要演讲、能够演讲、走向演讲四个方面培养孩子的自信心。希望家长朋友们通过对本编内容的学习，能够有效帮助孩子，使其敢于开口，不再畏惧演讲台。

# 第五课

# 自信是打开演讲大门的钥匙

## 一、家长小学堂

　　自信是孩子演讲的精神支柱。孩子建立自信不是一蹴而就的，需要正确方法的指导和反复练习。本课通过引导孩子讲述令自己骄傲的事情来激发孩子的表达欲，使孩子敢于张口、敢于向公众表达内心的感觉，让孩子不再惧怕当众演讲，并且能够从演讲中获得认同感。在教学过程中，我们也积极地运用心理暗示法来增强孩子演讲时的自信。

　　3—6岁的孩子年龄比较小，往往存在词语储备较少、口语表达能力和思维能力较弱等问题，他们在表达时容易出现没条理、表述不清等问题。当表达得不到肯定时，他们容易在心理上否定自我。在这样的情况下，孩子易产生自卑的心理，表现为越来越不敢说话，或者不知如何表达。如果形成恶性循环，孩子的语言能力会受到极大的影响，甚至影响其日后的成长。有些孩子失去了口语表达的欲望，或者因为害怕出错而选择不说，家长却误认为是孩子性格内向，而忽略了其语言表达方面的问题，错失

## 第二编 走进少儿演讲者的心理世界

了最好的纠正时机。一旦孩子失去讲话的自信，开口说话就会成为障碍。为鼓励孩子自信演讲，我们会在本课中有意识地引导孩子开口说话。本课将"孩子最满意的事情"作为让其开口的敲门砖，让孩子在讲述时遵从内心感受，自然得体地将事情讲出来。

演讲需要自信的支撑，而演讲本身又有提升自信的作用。3—6岁的孩子在演讲中缺乏自信，往往是因为其没有找到自信的基础。本节课旨在帮助孩子通过积极的自我暗示找到自信。正确的自我认识，可以使孩子看到自己的长处，形成正确看待自己优势和劣势的健康心理状态。

我们选取了接近孩子日常生活的内容，让孩子大声朗读，帮助孩子开阔思路、减少恐惧、提高自信，例如，"自己的事情自己做""帮爸爸妈妈做点事"等。通过能够激发孩子真实内心情感的日常小事，找到提升孩子自信心的突破口，增强孩子对自身能力的肯定，从而让其克服羞怯胆小的心理，勇敢地站在公众面前演讲。在本课的教学中，家长起着不可或缺的作用，因为家长是孩子最安心的倾诉对象，孩子乐于向家长讲述在学校发生的值得其骄傲的事，或者朋友之间发生的各种有趣的小故事。孩子树立演讲时的自信心同样需要家长的帮助。我们在课程中加入了家长的引导，例如"给爸爸妈妈读一段小故事"等，在孩子朗读完后，家长须点评孩子的演讲情况，并按照小故事后设置的问题向孩子提问。这样可以在帮助孩子树立自信心的同时，提升孩子思考问题的能力。我们在课程中设置了多个帮助孩子提升自信心的方法和小游戏。

如果演讲者无法用自信的态度面对观众,那么演讲的说服力和感染力就会大打折扣。演讲者气质的最重要的来源是自信,而这份自信来自演讲者对自己的检视和认可。帮助孩子增强自信并成为优秀的演说家是我们共同的目标。任重而道远,让我们一起努力。

## 二、亲子协同练习

**1. 请您辅导孩子学习儿歌《自己做》**

在这个练习里,我们要教孩子认识拼音"k"。在孩子做小练习时,您可以通过指出或者提示的方式帮助孩子找到相关字词。另外,您可以将儿歌与孩子平时的生活习惯联系起来,让孩子对照儿歌看哪些事情是"自己做"的。

**2. 请辅导孩子学习故事《昂起头来真美》,并认真为孩子解读这个故事**

3—6岁的孩子虽然对自信有了感知,但其还不能理解什么是自信,所以我们暂时可以用一些孩子能理解的词代替,比如"美""好看"等。

## 三、家长小贴士

科学研究发现,4岁是孩子树立自信的第一个关键期(第二个关键期在7岁）。在生活中，您应该多鼓励孩子勇敢地表达自己的观点，对孩子多一些肯定，少一些否定，在孩子表达时请认真聆听。当您发现孩子表情沮丧、情绪低落时，请予以重视。另外，值得注意的是，父母的自信程度也会深刻地影响孩子。爸爸妈妈或者其他长辈如果能在孩子的面前保持积极的心态，展现自己自信的风采，一定能够在生活中潜移默化地影响孩子。

## 第六课

# 演讲从分享开始

## 一、家长小学堂

在教学的过程中，您是否发觉孩子对演讲有抗拒心理呢？3—6岁的孩子抗拒演讲往往是因为表达欲望的缺失。我们对这一年龄段的孩子在演讲内容方面并没有严格要求，仅仅是要激发孩子的演讲兴趣。这节课的内容就是从孩子愿意分享的故事出发，逐渐激发孩子的演讲欲望。分享知识、故事、观点或传递情感正是演讲内容的关键，通过这种方式让孩子意识到故事也是演讲主题的载体。另外，本课可以帮助孩子形成分享的观念，让孩子在演讲中"有话可说"。

语言是上帝馈赠给人类的礼物，可对于3—6岁的孩子来说，他们使用这份"礼物"的欲望并不强。在本课，我们通过让孩子和身边的人分享自己觉得快乐的事，激发孩子与他人交流、沟通的欲望。分享开心的事情属于情绪社会分享行为。情绪社会分享在3—6岁孩子的人际交往中起着重要指导作用，它有助于孩子展开社会交往，建立、维持和协调人际关系，缩短人际交往的心理距离，提高人际沟通能力，扩大交往范围，增强人际交往和当众演讲的自信心。

把开心的事情与朋友分享，是孩子之间最常见的社交行为，朋友间的情绪分享在增强孩子的情感表达欲望的同时，还可以提高孩子的语言运用能力以及语言表达能力。3—6岁孩子的语言理解能力和对句子结构形式的把握能力处在不断发展、提高的阶段。我们根据这一特点，在鼓励孩子分享的过程中，使孩子学会规范地使用语言。另外，这一阶段的孩子对"句"的概念比较模糊，因此，首要的任务是让孩子在头脑中有"完整句"的概念。为了培养孩子讲完整句的意识，可以要求孩子在叙述一件事时，把事情发生的时间、地点、人物以及事情的起因、经过、结果这六个要素交代清楚。经过反复练习，孩子会逐步形成"完整句"的概念，所说句子的完整程度会渐渐提高，表达的意思也会更加具体、清晰。当孩子能够完整地把一件事叙述清楚时，听众便更容易理解孩子想表达的意思，自然会给予积极的反馈。

本节课的主要教学目标有两个：第一个是使孩子保持快乐的情绪，第二个是使孩子树立分享的观念。快乐让孩子有话可说，因为快乐的事往往会打开孩子的话匣子。分享则让孩子的表达欲望得到满足。有诉说者，就会有倾听者，这样的练习可以让孩子在诉说的同时意识到演讲的分享对象是听众。在这种情况下，孩子的情感是自然的。其实，不管是电视节目中的演讲还是身边的演讲，大多数的演讲都是建立在故事的基础上的。我们除了能从演讲中听到感人的故事，还会收获演讲者要表达的观点，因此，讲好故事能够帮助演讲者完成一场成功的演讲。虽然我们让孩子在演讲中尽可能完整地说出自己觉得开心的故事，但并不是所有人都对演讲的内容感兴趣。为了让演讲被更多的听众接受，孩子应该从听众的角度准备演讲。分享意识让孩子在演讲过程中能够根据听众的不同表现进行自我调节，逐渐形成灵活转换和调节语言的意识。

我们在本课中还设置了孩子与同伴一起朗读儿歌等内容，在朗读的过程中，孩子们可以自由互动，通过与同伴交流儿歌中自己喜欢的部分，实现情绪分享。除此之外，我们还鼓励孩子认真聆听别人的话语，增加交流互动，这不仅有助于培养孩子的人际沟通能力，也有助于提高演讲素养。

希望我们这节课的内容既可以激发孩子的语言表达欲望，又能够帮助孩子积累语言表达经验。让我们一起努力，将孩子培养成一个善于分享、拥有快乐的小演说家。

## 二、亲子协同练习

1. 请您辅导孩子完成《春天来啦》的朗读练习，并完成课后问答

在孩子回答问题时，您可以给孩子一些小提示。在孩子回答第一个问题时，您可以提示他："花儿什么时候会都开放啊？""春天穿的衣服和冬天穿的衣服有什么不同啊？"在孩子

回答第二个问题时您可以提示他:"冬天天上会下什么?""春天的树上有什么?"

### 2. 请您和孩子分享一个有关快乐的故事

给孩子讲的故事要在他的理解范围之内,并且最好是一个与孩子相关的故事,例如:与他一起去动物园玩耍的事情,或者是你们一起参加的一次亲子活动。

## 三、家长小贴士

请您平时多带孩子与其他小朋友玩耍交流,并鼓励他多与其他小朋友分享自己的故事。家长是孩子的第一任老师,在日常生活中,您可以主动分享一些自己的正能量故事,让孩子在潜移默化中养成乐于分享的好习惯。

# 第七课

# 3—6岁儿童的语言认知与心理

## 一、家长小学堂

语言是人类最重要的交际工具。学习演讲也是一个学习语言的过程。明晰孩子学习语言的四大特征能够更好地帮助他们学习演讲。首先,学习演讲是帮助儿童学会主动建构语言的过程。孩子学习语言的过程不完全是被动接受的过程,我们要根据其兴趣、爱好以及思维逻辑来激发他们的言说欲望。其次,学习演讲是个性化语言形成的过程。儿童语言能力的习得通常源自日常生活中的模仿,习得语言后才能进行积极且有创造性的表达。语言表达的个性化是孩子选择与变通后的结果。孩子演讲话语的生成实际上就是这种个性化信息解码、编码的过程。再次,学习演讲是儿童语言能力综合化的过程。孩子学习演讲时,必须要明晰语词的含义,理解语词描述的事物的情感、特征以及内在逻辑等。可以说,学习演讲的过程与孩子认识事物的过程紧密相连。因此,家长要丰富孩子的家庭生活,使其在积累知识的过程中提升阅历。最后,学习演讲是儿童语言认知能力循序渐进、逐步提升的过程。孩子学习演讲需要从语音、字词、句读、段落等方面着手，是概念与认识从无到有、积少成多、由弱变强、逐步完善的过程。

此外，演讲学习过程还会受到心理因素、生理因素、环境因素等多方面的影响，其中心理因素的影响最为突出。首先，认知能力决定孩子的语言学习能力。抽象思维是孩子具体感知事物的基础，但3—6岁儿童的抽象思维远不及成年人。他们不能有效掌握语言的规律和演讲的技巧，从而对老师和家长的辅导产生较强的依赖。其次，个性品质影响孩子语言学习的效果。一般而言，性格外向、自信乐观、聪明好学的孩子在和他人交往时，常常会自觉或不自觉地对他人的言行举止加以观察和模仿，并且敢于在公众场合表现自己；而性格内向的孩子往往缺乏自信、胆小羞怯，缺乏吸收语言信息的主动性，也就失去了许多语言学习和表现的机会。最后，兴趣爱好影响孩子学习语言的能动性。3—6岁儿童的可塑性强，但自控能力差，他们学习演讲时容易产生兴趣，也容易失去兴趣。如果面对挫折、失败或当教学方式和教学内容较为枯燥时，他们十分容易失去学习的兴趣。在学习演讲的过程中，他们虽然能够积极投入，但如果集中注意力的时间有限，就很容易受到其他因素的影响，这不利于其演讲能力的提升。因此，我们在培养孩子的演讲能力时，要选择一种能激发孩子学习兴趣的方式。另外，每一次的教学时间安排要合理，尽量延长孩子集中注意力的时间。但要注意的是，针对这一年龄段的孩子，我们的教学目的主要是对孩子的语言进行启蒙，所以对孩子的要求不能太苛刻。

  3岁以后，儿童掌握的词语数量逐渐增多，词语运用能力进入稳定发展期。研究显示，3岁的孩子可掌握800—1100个词、6岁的孩子可掌握3000—4000个词，具有显著的阶段性特征。运用复合词和复句的能力从孩子3岁时开始快速发展，并且使用错误的情况大大减少。根据各个年龄语言中句子总数、复句数、错误数以及复合语言数等四种语言发展指数可知，儿童的语言组织能力在3—6岁处于稳定发展期。研究表明，大致从3岁起，语言成为孩子主要的表意手段，动作在语言学习和表达过程中都退居次要地位。随着动作的逐步内化，儿童的语言学习能力也快速发展起来，这使得他们语言学习的效率大大提高。同时，随着儿童认知能力的增强，其认知跨度也逐渐扩大，事件开始成为儿童感知客观世界的认知单位。儿童语言的内容也逐步由表述事物可视的、外在的具象特征逐渐转向表述事物内在的固有的特性。

  在研究中我们还发现，从3岁起，孩子组织语言时使用的词语不断增多。语言的组织也是演讲的关键环节之一。由于孩子的接受能力无法与成人相提并论，所以我们选择了朗读儿歌等形式的练习，让孩子在练习中熟悉和掌握语言的构建原则。儿歌不仅蕴含丰富的字词，还包括完整的叙事线索和逻辑，朗读儿歌对孩子把握演讲稿件的层次有重要帮助，长远来看，其在提高孩子的表达能力方面有明显作用。另外，这一时期的孩子对有韵律的儿歌表现出浓厚的兴趣。我们从学习演讲的角度看，朗读儿歌可以让孩子学习如何控制音高、音强与声音的节奏。3岁之后的孩

第二编 走进少儿演讲者的心理世界

子较之前在表达时会有明显的态度倾向,这是一种情感与内容结合的表现。除此之外,朗读儿歌对孩子学习语音也十分有帮助,可以让其更加准确地认识读音,并以游戏的方式熟悉和巩固读音。对于成功的演讲者来说,以什么样的情感、什么样的声音状态来呈现内容是非常关键的。

在课程设计上,我们沿用与孩子对话的形式,循序渐进地引导孩子认识儿歌,学习正确的发声方法。第二编的教学目的是帮助孩子清楚表达。从认识单个的元音到轻松快乐地练习儿歌,都是为了巩固语音中最基础的内容。同时,本节课增加了有关小故事的课后思考题,培养孩子在阅读之后进行深入思考的习惯,帮助孩子强化发散思维,这对日后寻找演讲素材、提高演讲质量有很大帮助。

## 二、亲子协同练习

### 1. 请您辅导孩子完成"我的声音有弹性"的训练

孩子能够有效掌控自己声音的重要表现之一,就是能根据不同的场景来调整自己声音的大小、强弱,并在这种声音弹性的对比变化中进行有感染力的表达。如前文所述,掌控声音对于这一年龄段的孩子来说还存在一定的挑战,因此,您要根据心理、环境等因素对孩子进行综合引导。在《数鸭子》《帮奶奶数白头发》《数苹果》这三个场景小游戏中,您可以先给孩子描绘出具体的情况,以方便孩子进入状态,也可以设计一些动作,以减轻孩子的紧张感。只要孩子能自如地进入这三个游戏场景，声音的弹性练习就很容易达到预期效果。

  2. 请您辅导孩子完成"n""l"的绕口令练习

  孩子的儿歌读得好不好呢？如果有错误，请您告诉他错在哪里。判断好不好的标准并不仅仅是孩子是否念对了字词，或者是否读得顺溜，还需要看孩子是否用独特的儿童语言来演绎儿歌。请您在示范的时候也将自己代入情境中，尽量用儿童语言来读。

## 三、家长小贴士

  练习内容不应仅局限于教材中的案例，您也可以在生活中寻找一些时新的儿歌或是自己编写儿歌让孩子练习，这样可以在带给孩子新鲜感的同时，帮助孩子巩固所学的知识。

第二编 走进少儿演讲者的心理世界

# 第八课

## 少儿演讲的受众意识

### 一、家长小学堂

情绪的社会分享需求激发了演讲者与听众分享内容的意愿。情绪的社会分享通常发生在亲密的人际关系之中，从本质上来说，它是一种人际交往过程。3—6岁的孩子常常乐于将开心的事情分享给家长或同伴。情绪的社会分享具有普遍性、时间性、传播性和限制性等特点，受事件的情绪强度、事件的道德属性、情绪分享对象的反应等因素的影响。情绪的社会分享对人际关系的建立、维持和协调具有重要影响。事件的情绪体验者与他人分享自己的情绪体验和内心感受，向他人坦露自己内心深处的想法，通过他人的情感、行为和言语等方面的反馈，可以感受到强大的社会支持，从而增强自己与他人交往的信心。

研究表明，幼儿在3岁时就有了初步的情绪理解能力，4岁时已基本掌握该能力，5—6岁时这种能力得到进一步发展。在这个时期，许多幼儿能判断基本情绪产生的原因，或者将自己的情绪表现出来。比如，家长给孩子买了玩具，有的孩子会很高兴，会笑；在上台演讲时，有的孩子变得不敢说话。这些都是孩子的情感反应和表达。有的孩子在平时的生活中不善于表达自己的情感，而让孩子在学习表达情绪的过程中有话可说，能够帮助和带动孩子更准确地表达自身情感。

根据以上特点，我们让孩子先尝试向自己最亲近的人表达情感。父母是陪伴孩子成长的第一责任人，孩子向父母说出自己的情感是消除其自我防御心理的第一步，在此基础上，再让孩子在相对熟悉的环境下练习演讲，最后使孩子达到在公共演讲时敢于表达、敢于流露情感的水平。

在演讲时，孩子面对陌生环境难免会产生紧张、恐惧的情绪。我们建议首先让孩子在爸爸妈妈面前演讲，反复的演练可以让孩子更加熟悉演讲的内容、流程，进而熟能生巧，在陌生的环境中也不会产生手足无措、大脑空白的情况。另外，孩子对成功与否往往比较在意，尤其是前几次的演练是否成功会直接影响孩子对演讲的兴趣，成功的演讲能对孩子起到激励的作用。本课的教学目的是让孩子可以在亲人面前放松地演讲，以使孩子的正式演讲有更好的效果。对于孩子而言，能在爸爸妈妈面前演讲已经算迈出克服畏惧心理的一大步了，所以我们设置的要求不要太高，若孩子能够做到这一步，我们就要为孩子点个赞。

在本部分，我们还设置了亲情故事，目的是引导孩子用语言表达的方式将情感坦露出来。除此之外，让孩子学习有关家庭的儿歌也是必要的，这主要是让孩子增加关于家庭的知识，帮助他们克服紧张感和害羞感，敢于在亲人面前演讲。通过循序渐进的练习让孩子对舞台产生亲近感，使其以后在陌生的环境中也可以大胆抒发情感。

## 二、亲子协同练习

**1. 请您引导孩子做分享表达训练，让他为您讲一个亲情故事**

您可以先跟孩子分享一个关于自己的亲情故事，可以是您和孩子的故事，也可以是您和其他亲人的故事，重点是能引起孩子的共鸣，让他被亲情感动，进而让他在情感推动下积极地表达。

**2. 请您辅导孩子练习表达关于"母爱"的话题**

您可以带孩子学习《羊羔跪乳》的故事，并帮助孩子理解它的寓意，让他感受到母爱的光辉。以此为切入点，让孩子谈谈妈妈是如何爱他的。除此之外，还可以脱离本书，多给孩子讲一讲母爱的故事，如《跪拜的藏羚羊》，唤起孩子与母爱有关的温暖感受。

## 三、家长小贴士

《家族歌》对孩子来说篇幅略长，不易记忆。孩子容易混淆有关家庭成员的称谓，您可以把它融入生活中，帮助孩子学习理解，比如您可以经常向孩子提问：爸爸的弟弟怎么称呼？妈妈的妹妹怎么称呼？

# 第三编

# 少儿演讲的非言语表达

在本部分的课程里，我们将在演讲口语表达的基础上，对孩子进行非言语交流的训练，如肢体动作、面部表情以及演讲仪态。希望孩子在经过这些训练后，可以熟练运用非言语表达的技巧，既能流畅自如地讲述，又能展现极富特色的台风。

作为一门语言艺术，演讲的本质是向观众传递信息，以促成观众观念或行动上的改变。它的主要表现形式是"讲"，也就是运用有声语言的表现力和感染力，辅助表现形式是"演"，即运用面部表情、手势动作、身体姿态等一切可以被观众理解的肢体语言，目的是使演讲生动起来。要想为观众完整地呈现一场演讲，不仅需要讲述，更需要非言语行为的辅助。研究表明，演讲者在演讲时传递给观众的信息中，仅有35%来自有声语言，而非言语形式传递的信息则占到了65%，因此，生动的非言语表达是孩子表达自身情感的好帮手，对演讲的成功至关重要。

在日常生活中，非言语表达不仅能够传递情感、表达情绪，还能增加魅力、彰显风采。语言是人类最重要的交际工具，但它会受到各种因素的影响和制约，例如不同语种的人在交际时就会很困难，而非言语形式，例如肢体语言却具有通用性。当下，人们越来越重视非言语符号信息的传递。

当孩子登上舞台后，他的一举一动都会受到观众的关注，肢体语言能够为观众呈现更加直观的信息，比单纯照稿演讲有更好的效果。适当的表情、得体的动作、丰富的手势语、真挚的目光等非言语符号，能够使观众更深刻地感知演讲者的情绪变化。因此，家长在指导孩子演讲时，要注意培养孩子运用非言语符号的能力，如稳健的步伐、得体的举止、坚定的目光、真挚的表情和丰富的手势等，让孩子学会通过非言语符号更生动地传达演讲内容，使观众产生良好的情绪，从而轻松地进入孩子营造的演讲氛围中。

这一部分共有4课，分别为："挥挥小手更加分""眼睛是扇小窗户""小脸蛋也会说话""我是讲台小明星"。我们力求通过全面、细致、通俗易懂的讲解和简单易行的练习，来提升孩子的非言语表达能力，让孩子更加自信地站在演讲台上。要想成为一名优秀的小演说家，不仅需要孩子坚持不懈地训练，还需要家长给孩子引导、陪伴与鼓励，让孩子学会将非言语符号准确地融入演讲中。

第三编 少儿演讲的非言语表达

# 第九课

## 少儿演讲中的手势

### 一、家长小学堂

演讲是指在公众场合以有声语言为主要手段，以体态语言为辅助手段，针对某个具体问题，鲜明、完整地发表自己的见解和主张，阐明事理或抒发情感的一种语言交际活动。手势语是最重要的体态语言之一，对交流、传达思想感情具有辅助作用。因此，在演讲中，手势语也是演讲者在互动交流、传播思想和表达情感的过程中最重要的辅助手段。

手势是演讲者在情感的支配下，随着演说的内容、观众的情绪、场上的氛围，自然而然展现出来的。手势语在演讲中的作用主要体现在以下三个方面。

首先，在表达情绪时，演讲者的手势语不仅能传递信息，还能强化情绪。演讲内容的情感色彩通过手势表现出来，既可以引起观众的注意，又可以把思想传达得更生动，给观众留下深刻的印象。手势语最大的作用是渲染气氛，它能让观众不自觉地被带入演讲者营造的氛围当中，更有助于二者之间的互动与交流。在本课中，我们用通俗易懂的语言给孩子详细地讲解演讲中常见的肢体动作，希望能够帮助他们更好地理解和运用手势语。

其次，手势是演讲者调整心理状态的工具。在一些特殊情况下，演讲者会不由自主地加上手势，例如在表达还不十分流畅时，观点还不十分清晰时，辩论中证据还在组织时，或者在使用不熟悉的语言进行表达时，此时运用手势能帮助演讲者整理思路。

最后，手势语贯穿演讲者情绪表达的全过程。例如情感从平淡到高亢，手势语也会出现相应的变化。力度、动作幅度的大小，能体现演讲者在演讲过程中对内在节奏的把握。控制好力度和节奏，会大大提升观众的现场感，使观众在心理上更容易接受演讲者的观点和演讲者传达的情绪。因此，在本课中，我们设置了情境练习，以帮助孩子在实际演讲中灵活运用所学到的肢体动作。

孩子生性活泼好动，手部动作丰富。在演讲中，适当的手势动作会为演讲加分，但是动作过于频繁、幅度过大将会使演讲减分。所以，在孩子练习手势时，家长应注意以下几点。

第一，演讲者的手势应与体态语言相互协调，与声音、身体姿态、面部表情相互配合。演讲者的表情过于丰富、过分夸张有可能损害传播效果；反之，表情呆板冷漠会拉开演讲者与观众之间的距离从而导致类似的后果。不过，没有动作的演讲只是讲话而已，因此手势的使用要适度。

第二,手势与语言相互协调。在孩子演讲时,家长要告诉他所作手势的起落应配合话音语调以及文本内容的变化,否则呈现出来的演讲会让人感觉别扭。

第三,给孩子设计的手势应尽可能精炼并适用于演讲。手势只有在与口语表达密切配合时,其含义才最为生动具体。在演讲过程中,若演讲者手势过多,就会给人喧宾夺主之感,容易使观众忽略演讲内容,但如果孩子在台上演讲时从头到尾都没有手势,那么演讲也会缺乏感染力和活力,听众也会感到枯燥乏味。所以演讲中的手势应繁简适度。

## 二、亲子协同练习

### 1. 请您辅导孩子完成手势的训练

请以游戏"可爱的小动物们"为切入点让孩子开始练习,让孩子根据书上的提示来扮演小动物并注意手势的运用,同时也要模仿动物的形态或者声音。例如模仿小兔子时,您可以引导孩子伸出两根手指并放在头顶,学兔子一蹦一跳的样子。这既能解放孩子活泼好动的天性,又能让孩子灵活地运用手势语。您要注意,书本上的动作示范仅为参考,并非绝对标准。您可以鼓励孩子发挥自己的想象力创造新动作,只要这些动作符合实际、有活力,易于孩子表现,不会引起紧张情绪即可。

在"加分的小手"训练中,您可以先为孩子做手势语的示范:先自我介绍说"我是妈妈/爸爸",同时将手掌放于胸前,手心朝向自己；再说"你是妈妈/爸爸的孩子"，此时手心朝上，手指指向孩子；最后说"我们都是这个家庭的一分子"，并将两手摊开，手心朝上。通过示范引导孩子，让孩子主动说出"我是妈妈/爸爸的乖宝宝""你是我的漂亮妈妈/帅气爸爸""我们都是这个家庭的一分子"等，这些都能帮助孩子练习手势语。

**2. 请您和孩子一起朗诵儿歌**

和孩子一起朗诵《站姿歌》和《站得直》这两首儿歌，并通过儿歌中的内容指导孩子练习正确的站姿。

**3. 请您辅导孩子完成声母"zh""ch"的学习**

在"故事时间"这一环节中，请您辅导孩子完成声母"zh""ch"的学习，您要注意孩子的舌位是否正确。声母"zh"和"ch"的发音要求舌尖向上方翘起，与硬腭前部接近（但不要接触）。之后，您可以通过与孩子一同朗读故事《信任》帮助孩子温习"zh""ch"的读音，并在朗读时搭配手势语。例如在朗读"不久，小狗发现自己种的葡萄也不见了，便去找小猴评理'你怎么偷我种的葡萄！'"时，您可以用手指着前方，表现出想要找小猴评理的状态。您要多为孩子示范、多引导孩子，帮助孩子结合语境理解文意，学会更好地表达。

**4. 请您和孩子一起完成以"爸爸/妈妈的手"为主题的演讲**

在以"爸爸/妈妈的手"为主题的演讲中,应先让孩子仔细观察父母的手并摸一摸,听听孩子的感受,再与其交流"爸爸/妈妈的手为什么这么粗糙呢?""爸爸/妈妈辛苦工作是为了谁呢?"等问题,引导孩子有所感悟,并使用自己的话表达出来。这样既能提高孩子演讲的逻辑水平,又能让孩子体会到父母的艰辛。

## 三、家长小贴士

正确体态的培养不应该仅仅局限于课堂。您可以在生活中引导孩子通过坐、卧、行养成良好的形体习惯,也可以要求孩子进行一些训练,例如每天靠墙练习站姿5分钟等。

# 第十课

# 少儿演讲中的目光

## 一、家长小学堂

眼睛是心灵的窗户，人们把通过眼睛的动作和眼神来传达信息的活动称为目光语。与人沟通时没有眼神交流，往往给人缺乏诚意、为人不实诚的感觉。人民的好总理周恩来，有一双既温和又犀利的眼睛。很多外国记者形容他的眼神既有鸽子般的温和，又有雄鹰般的犀利。每次在国际会议上发言时，周总理都会通过他那炯炯有神的目光与听众进行交流，他用诚挚的目光语征服了无数国际友人。

几乎没有人能躲避他人的目光，也没有人能完全掩饰自己的眼神。在人际沟通中，人们常常用目光来交流彼此的思想感情。无论人类的语言、文字多么丰富，眼神在人际沟通中的作用是无法被替代的。以谈话为例，当聆听者望向说话者时，表示请对方发言；当说话者看向聆听者时，则表示期待对方发表议论和评价。在演讲过程中，当演讲者停止说话并扫视全场时，是期望听众能够用目光语进行反馈并与自己进行交流。

有经验的演讲者总是能恰到好处地使用目光语来表达丰富多变的思想感情，以感染听众，提升演讲效果。人们常说"眼睛会说话"，因为眼睛的动作和眼神能传递信息和感情。孩子在初次演讲时，往往会出现以下两种情况。一是眼神躲闪，出现这种情况说明孩子缺乏当众演讲的锻炼，缺乏自信心。二是眼睛一直盯着某一个地方，比如天花板、窗户、地板等，给听众一种学生背课文的感觉。出现这种情况说明孩子缺少眼神的训练，他的演讲会显得生硬、缺乏生气。

在本课中，我们挑选了四个常见的眼部动作，用通俗易懂、贴近生活的语言解释给孩子，以方便孩子更好地理解、练习和接受。相信孩子在家长的帮助和引导下，一定能够成为一名目光如炬的小演说家。

## 二、亲子协同练习

1. 请您辅导孩子完成"灵活的小眼睛"和眼神操等练习

在练习时，您可以让孩子尝试加入上节课所学的手势，让目光跟着手势的方向动，这样既可以让孩子的眼神灵动起来，又能解决孩子眼神方向感不明晰的问题。另外，您可以给孩子准备一面小镜子，让他根据书本上的内容照着镜子来练习眼神。请您多为孩子做几次示范，让孩子跟着您一起做眼神操，并注意提醒孩子在做眼神练习时不要忘记表情管理。

**2. 请您用通俗的语言为孩子讲述《江南》**

您需要逐字逐句翻译,并引导孩子配合使用手势、眼神等非言语符号表达古诗内容。例如在读到鱼儿在水中嬉戏时,随着诗中鱼儿方位的变化,眼神也要跟着变化。

示范:在江南到了适宜采莲的季节,莲叶会浮出水面,挨挨挤挤,重重叠叠,迎风招展。在茂密如盖子的荷叶下面,有欢快的鱼儿在不停地嬉戏玩耍。一会儿在这儿,一会儿又游到了那儿,说不清鱼儿究竟是在东边还是在西边,是在南边还是在北边。

## 三、家长小贴士

目前孩子还无法理解"炯炯有神""目光如炬"等词语,但是您可以在生活中多引导孩子做眼神练习。例如,可以告诉孩子与人对话时眼神不能瞟来瞟去,要将目光集中到交流对象的面部,这既是尊重对方的表现,也是个人自信的表现。

第三编 少儿演讲的非言语表达

# 第十一课

## 少儿演讲中的面部表情

### 一、家长小学堂

面部表情是内心情感最鲜活的"晴雨表"。法国作家、社会活动家罗曼·罗兰说:"面部表情是比口头讲述复杂千倍的语言。"人的面部表情十分生动和丰富,因为喜怒哀乐是人的本能。人的内心情感会通过面部表情流露出来,而演讲者的面部表情也可以引发听众的某些内心体验。

面部表情是通过面部肌肉与器官的整体协调变化来传情达意的一种非语言形式。美国心理学家艾帕尔·梅拉通过实验获得了这样一个公式:信息的效果=7%的文字+38%的音调+55%的面部表情。对孩子来说,认识体现不同情绪的表情是非常重要的。比如:面部肌肉紧绷,多传达出严肃、愤怒、疑问、不高兴等情感;相反,面部肌肉放松则表现出友善、感激等情感。

只有善于运用面部表情的演讲者,才能将自己的内心情感恰当地表露出来,引发观众的情感共鸣,并搭建起自己与观众之间情感交流的桥梁。不善于运用面部表情的演讲者，会给观众一种呆滞、麻木的感觉，这不利于情感的表达。孩子天性活泼，表情十分丰富，但有些孩子在公众面前演讲时，容易紧张，这会使他们的表情变得僵硬。如何在演讲中把自己的面部表情与演讲内容联系起来呢？针对这一问题我们设置了"表情训练""笑容练习操"等环节，用儿歌和讲故事的形式教会孩子恰当地使用各种表情，让孩子的演讲更富有感染力。

"宝剑锋从磨砺出，梅花香自苦寒来"，任何训练都需要孩子的刻苦学习和家长的耐心配合。面部表情多种多样，每种表情都特点鲜明，有独特的意义和功能。相信在本课结束后，每个孩子都能成为善于运用表情的小演说家。

## 二、亲子协同练习

1. 请您与孩子一起完成"表情训练"的练习，并积极地给孩子做示范

您可以和孩子一起在镜子前练习面部表情，做出不同类型的表情，让孩子观察表情之间的差别，以提高训练的趣味性。

2. 请您给孩子讲述《小黑熊游泳》的故事，并与孩子交流关于表情的知识

在您给孩子讲故事时，请您根据故事内容做出相应的表情。注意，您的表情、动作应该比日常生活中的表情、动作夸张

一些，这样更容易带动孩子的情绪。本练习旨在让孩子熟练掌握不同的面部表情，体会表情在演讲中的重要性。

## 三、家长小贴士

在生活中，孩子很容易表现出各种情绪，可一旦让孩子刻意地做出某个表情，孩子往往就会表现得很不自然。所以在生活中，您要适当地引导孩子，让孩子对着镜子做某个表情，慢慢地记住自己在各种情绪下的面部反应。值得您注意的是，孩子可能会因为调皮把特定的表情做成鬼脸，这时要及时引导并纠正其错误。

# 第十二课

## 少儿演讲中的形象塑造

### 一、家长小学堂

台风是少儿演讲中演讲者形象的体现,是塑造和传递演讲者形象的重要一环。在演讲中,如果演讲者表现出的气质与所讲内容相吻合,不仅能使听众更好地融入演讲的氛围中,而且能产生一定程度的光环效应。

细节决定成败,演讲中的任何细节都可能决定演讲能否成功。家长要让孩子意识到,在一场成功的演讲中,控制声音和肢体动作的技巧必不可少。同时,演讲者的站姿、握麦方式、与听众的距离等细节更能凸显演讲者独特的风采。因此,在前几节课的基础上,这节课增加了仪容仪态的训练,这会为孩子形成独特的台风打下坚实基础。

帮助孩子形成独特的台风需要从以下两个方面着手。

(1)明晰孩子想塑造的个人风格,并根据实际情况来设计、培养。孩子如果想要爽朗风趣的风格,就需多练习面部表情;如果想要端庄大方的风格,就得更注重举止和动作。我们在本课中设置了相应的基础练习，孩子在练习后，可对演讲仪态有初步的认识，在家长的引导和及时督促下，能够更好地掌握仪容仪态。在经过基础训练后，孩子便可根据自身条件及所喜欢的形象，反复练习，最终形成独特的台风。

（2）孩子要适应不同的讲台，并且有针对性地进行学习。孩子只有自信是不够的，还要注重与观众的情感交流，其中包括眼神、动作、语言等方面的交流。培养孩子好的言谈举止，更需要家长的时间和耐心。

良好的台风十分关键，它对塑造演讲者的形象、赢得观众的青睐、增强演讲的效果都具有重要意义。在本书第五编，我们设置了不同的演讲场景，家长可以和孩子一起回顾本课的内容，并练习演讲。在与孩子一起完成演讲的过程中，家长可以先示范，方便孩子更好地理解台风要求。独特的台风并非一朝一夕可以形成的，家长还应该在孩子的眼神、步伐以及上下台的方式等方面引导孩子。希望小朋友在学习本课后，能够及早形成自己独有的台风。

## 二、亲子协同练习

**1. 请您告诉孩子在舞台上如何正确使用话筒**

请您为孩子准备一支话筒，帮助孩子学习在舞台上如何拿好话筒。

（1）话筒与嘴唇的距离约为3个手指宽。

（2）话筒的位置要低于嘴唇，与嘴巴呈45°角为宜，这样演讲时才能灵活使用话筒，否则会出现抬头或低头时被话筒挡住脸部的情况。

**2. 请您辅导孩子练习上台和下台的走姿**

您可以与孩子一起学习演讲所需的走路姿势，并根据要求调整孩子的姿势。如果是几个小朋友一起上台的话，要让他们有序排队上台，等所有人都站好以后再同时敬礼。下台时，如果是男孩和女孩互为搭档，就需要男孩先向后退一小步，让女孩先走，然后再跟在女孩身后下台。

## 三、家长小贴士

台风不是一朝一夕就能练成的，需要在日常生活中不断练习。您在生活中要注意孩子的走姿和站姿，及时纠正孩子的驼背、外八、内八、甩腿等不正确的姿态。孩子只有在生活中养成良好习惯，才能在舞台上表现得更优秀。

# 第四编

# 少儿演讲的逻辑思维

本部分我们将介绍如何在演讲内容上谋篇布局，这是本书难度较高的一个部分。这一部分将重点讲述演讲文本的设计，旨在帮助孩子建立起清晰的思维逻辑框架。

3—6岁是孩子学习语言的最佳阶段，也是孩子的表述从字转向词和句的重要过渡期。这一时期，孩子大脑的思维功能也在不断完善。从理论上来说，此年龄段的孩子说话时已经可以做到思维连贯、表达通顺。但从实际情况来看，在他们演讲时还是会出现语句不通、逻辑混乱、语病频出等问题。表达的"软件"跟不上发育的"硬件"，孩子就无法形成较强的逻辑思维能力。

逻辑思维能力在孩子的一生中起着相当重要的作用。3—6岁的孩子对世界刚刚有了自己的认识，自身的三观还不成熟，其语言表达中容易出现思维混乱与逻辑错误等问题。因此，在这一时期，家长要成为引导者，引导和纠正孩子思考问题的方式、方法，重视培养孩子的逻辑思维能力，这样既能够帮助孩子在演讲时迅速地谋篇布局，还能让孩子形成良好的语言表达习惯。

本编根据演讲涉及的逻辑思维认知和孩子的成长规律，设计了"难不倒我的'把'和'被'""我是造句小能手""多问一个'为什么'""给图片排个队"四课，从基本的组词造句、"把"字句与"被"字句的转换、看图说话等训练开始，帮助孩子初步形成演讲所需的逻辑思维习惯。课内随堂练习、课后故事问答、主题演讲等训练旨在帮助孩子攻克逻辑难题，掌握演讲思维的奥秘。值得一提的是，在培养孩子形成良好的逻辑思维习惯时，家长切忌扼杀孩子天马行空的想象力，一定要防止孩子的思维固化。

第四编 少儿演讲的逻辑思维

## 第十三课

## 演讲中常用的两种语法表现形式

### 一、家长小学堂

在演讲中，逻辑引领着话语的表达。"把"字句和"被"字句属于最基础的语法，体现着基本的思维方式。在这节课我们将学习"把"字句和"被"字句的用法，以及它们之间的转换方法。在家长读本中，我们也将提供"把"字句和"被"字句的转换公式，这样能让孩子灵活运用这种简单的语法，让演讲变得丰富与活泼起来。希望通过这一部分的学习，孩子既能巩固演讲水平，又能提高逻辑思维能力。

在学习"把"字句和"被"字句时，部分孩子会偏向掌握其中的一种，导致在演讲中出现过多的"把"字或"被"字。出现这种情况主要是因为孩子只学会了一种句式，不能理解"把"和"被"真正的意义。为了让孩子理解其背后的含义并正确认识这种语法，家长不仅应该熟知其中的意涵，更应该将知识带入生活中，用身边的事例造句，灵活变换句型，让孩子彻底掌握"把"字句与"被"字句。

"把"字句是现代汉语里的一种句式,指由介词"把"构成的句子,可以简单地将格式记为:甲把乙怎么样。汉语动词谓语句的宾语一般置于动词之后,而用了"把"字能把宾语置于动词之前以强调行为结果或行为方式。这种句式根据语义可被视为宾语前置,在结构上则是介词结构作状语。"把"字句的一般特点是:有动作的主体和客体,主体通过动作对客体施加影响,客体受到动作的影响之后发生变化。"把"字句通常包含"致使"的含义。"被"字句同样有"致使"的含义,其与"把"字句的区别在于客体在前,主体在后。演讲中要根据实际强调的是主体还是客体选择"把"字句或"被"字句。现在来观察一组例句:

①爸爸抱着花盆。
②爸爸把花盆抱着。
③花盆被爸爸抱着。

在以上的例句中,①为简单陈述句,②为"把"字句,③为"被"字句。演讲往往会传达观点,存在较为明显的倾向和引导性。学会"把"字句和"被"字句,孩子就能逐渐理解语句背后的情绪与意愿,领会演讲的主题和观点。

如果孩子一时半会儿还掌握不了这一课的内容,家长也不要太心急,只要带着孩子多练习,再辅以生活中具体的实例,孩子自然能够逐渐理解"把"字句和"被"字句的奥秘。

## 二、亲子协同练习

1. 请您和孩子一起做"训练一"

将三个词分别组合成"把"字句与"被"字句，例如，"小熊把糖吃光了"，也可以说"糖被小熊吃光了"。您在引导孩子进行训练时，还需多多举例，让孩子熟练掌握"把"字句与"被"字句。

2. 请您指导孩子完成"训练二"

请您首先将"训练二"中的人物关系给孩子讲清楚，帮助孩子理解原文并恰当地进行填空。

3. 请您指导孩子完成"故事时间"的课后训练

阅读完故事后请标注出"把"字和"被"字。您可以让孩子朗读相关的句子，再结合语境分析"把"字句和"被"字句相互转换的具体方法。

## 三、家长小贴士

学习和掌握"把"字句与"被"字句对孩子来说有一定的难度，您可以把这样的练习融入日常生活中，让孩子用"把"

字句或"被"字句来描述某一行为。例如，孩子说："爷爷吃完饭了"，家长可以追问："谁把饭吃完啦？"让孩子主动说出"爷爷把饭吃完了"。这类关于生活行为的描述既能让孩子轻松掌握"把"字句与"被"字句，还能激发孩子观察生活的热情。

第四编 少儿演讲的逻辑思维

## 第十四课

# 儿童语言的组织和创意

## 一、家长小学堂

3—6岁是孩子演讲的启蒙阶段。这一时期，孩子已经可以将单个字词组成完整的简单句，他们的想象力、观察力等都处于十分活跃的状态，家长要注意激发孩子的创造性思维，为孩子的语言插上想象的翅膀。本节课的内容以造句开始，旨在培养孩子的语言创造和加工能力。一篇精彩的演讲稿就是由一个个句子组成的，让我们开始吧！

从生理学上讲，儿童时期，人的大脑发育速度最快，3岁左右儿童的大脑重900克—1000克，约相当于成年人脑重的2/3，7岁时大脑重约1280克，相当于成人脑重的9/10。从心理学上讲，此时的孩子爱动、爱玩、思想活跃，语言富有创造力。这一时期的孩子语言生动活泼，常常妙语连珠。经常有人说，这一年龄段的孩子讲话时像个小大人，这是该阶段孩子语言发展迅速最为明显的表现。这时的孩子会用自己的语言来描述感受，并出现自言自语的行为。家长不必担心，这是孩子具有表达欲望的体现，也是学习演讲的有力切入点。

如果说一篇演讲稿是一张网,那么句子就是织网的丝,而造句能力是精湛的织网技术。优秀的造句能力对演讲有两个积极作用:一是能够提高演讲者的语言表达水平,保证演讲者在演讲时有话可说;二是精彩的语句可以对演讲起到画龙点睛的作用。演讲中点亮全篇的"金句",一般都来源于演讲者对造句能力的熟练运用。好的句子可以直击人心,具有强有力的传播效果。

在这节课里,我们通过造句游戏等寓教于乐的方式,让孩子从连线、仿写练习开始,层层递进地练习,不断提升孩子的造句能力。家长要从生活出发,用孩子熟悉的话题帮助孩子打开话匣子,激发孩子遣词造句的欲望。家长需要多为孩子做示范,让孩子领会字、词、句之间的关系。在演讲练习中,如果孩子造出了"金句",家长一定要鼓励孩子并为孩子准备一个"金句笔记本",让孩子记录下来,以激发孩子对学习的渴望。如果孩子造出了病句,家长不能急于批评,而是要与孩子一起思考,将病句纠正过来,甚至转换为"金句"。

造句看似简单,实则是拼接、组合字词的练习。一篇好的演讲由多个句子组合而成,学好造句对提高孩子的演讲能力大有裨益。在练习的过程中,孩子不仅能克服不善表达的缺点、畏惧演讲的心理,还能学会如何正确地表达。通过这一部分的学习,孩子一定能够成为一名出色的小演说家。

## 第四编 少儿演讲的逻辑思维

## 二、亲子协同练习

**1. 请您辅导孩子对句子进行连线**

参考：

①雨停了，太阳公公出来了。

②小花猫正在睡午觉。

③春天到了，小草绿了。

④今天早上，爸爸送我上学。

**2. 请您与孩子一起完成"模仿造句"**

您可以让孩子结合生活中的事和物进行造句或者引用一些前面学过的知识来给孩子以提示。如"我是一个勤洗手、爱干净的好孩子"，您可以这样提示孩子：除了勤洗手和爱干净，还有哪些习惯可以说明你是好孩子呢？

**3. 请您指导孩子完成造句的小游戏**

遣词造句对于成年人来说不是难事，但是对于孩子来说还是存在一定难度的。在指导的过程中，请您不要用成年人的思维水平去衡量孩子，多给孩子一些时间、一些提示，慢慢引导孩子掌握这方面的知识。

**4. 请您为孩子补充生活常识**

针对"我最喜欢吃的一种蔬菜"的主题演讲，您不仅要对孩子的演讲进行指导，更要丰富孩子关于"蔬菜"的知识，例如：多吃蔬菜长身体，哪一种蔬菜更能补充维生素呢？这个年龄段的孩子还不能完全自主地查阅资料，这需要您的帮助与配合。您应在平时多为孩子讲一讲生活中的小常识，力争成为孩子心目中的"百科全书"。

## 三、家长小贴士

该年龄段的孩子已有遣词造句的能力，但是对句子是否正确、用词是否恰当缺乏判断能力，所以需要您在生活中规范孩子说出的句子。当孩子造句出现错误时，您要及时纠正并且做出正确示范。当孩子说出"漂亮"的句子时，您要通过鼓励激发孩子学习造句的积极性，还可以准备一个"金句记录本"，把孩子自己创造出来的有趣表达记录下来，作为其进步的证明。

第四编 少儿演讲的逻辑思维

## 第十五课

# 演讲思维能力的培养方法

## 一、家长小课堂

本节课,我们将着重培养孩子的逻辑思维能力。说到逻辑思维,我们脑海中可能会不由自主地浮现出苏格拉底在2500年前坐在广场上不停地向人们提出问题、引人深思的画面。苏格拉底总是通过一系列探问来求知,并对所得的答案进行逻辑推演,进而找出各种复杂现象背后的关键问题,以此来判断"常识"中的对与错,揭开了很多看似有理实则荒谬的理论背后隐藏的真相。这一节课我们将会和孩子一起探寻思维的奥秘,从中获取开启演讲之门的钥匙。

想要完成一个好的演讲,首先要对演讲的主题进行充分探讨和研究,然后通过搜集与整合素材,将其编辑成稿,最后用语句通畅地表达出来。其中,主题的确定和素材的搜集是寻找信息的过程。这样看来,要想培养孩子演讲中的逻辑思维能力,首先要让孩子学会主动思考、敢于提问——带着问题为演讲搜寻更多有价值的信息。

这节课我们要解决的问题是如何让孩子学会提出问题。我们在书中设置了一些有答案的问题来调动孩子的思维，让孩子学会主动思考。我们在孩子答案的基础上进行追问，以"问题→答案→问题→答案"的模式帮助孩子形成良好、深入的思考习惯。另外，在生活中，家长也要不断地问孩子"为什么"，以此让孩子养成勤问答的习惯。长期坚持，孩子的演讲就会变得有理有据。我们还设置了一些开放的问题，鼓励孩子打破思维定式，发挥创造力，产生天马行空的想法，这样孩子的演讲就会极富个人特点。需要注意的是，当孩子提问时，家长不要急于打断孩子，这是因为提问的方式能够培养孩子组织与提炼语言的能力。在向孩子提问时，家长也要让孩子学会聆听与思考。在引导孩子思考时，家长还要尽可能多地给孩子提供思考的切入点，以拓宽孩子的思路。

养成有益于演讲的逻辑思维习惯其实不难，我们在生活中随时随地都可以找到和孩子一起练习的机会。这一时期的孩子思维发散，因此家长要引导孩子"多问一个为什么"，把孩子培养成勤学多问的小演说家。

## 二、亲子协同练习

### 1. 请您辅导孩子完成答题训练

您可以参考示范中的回答。在给孩子讲解之前，您可以先向孩子提问：你知道我们身体里的血液在哪里流动吗？血液有什么作用呢？我们的身体一旦贫血会发出哪些信号呢？然后给出答案：一旦贫血，我们可能头晕，没有力气学习和工作。因此，我们要多吃核桃、红枣等补气血的食物，让自己成为一个身强体健的好宝宝！

在之后的练习中，您要参考上面的方法，在为孩子普及更多科学常识的同时，多向孩子提问题，通过提问让孩子产生问题意识，打开孩子思考的大门，帮助孩子接受与学习知识。

**2. 请您辅导孩子完成故事后的思考题**

请您与孩子一起阅读小故事《勇敢的龙虾》。

读完后，先让孩子独立思考，之后问孩子：读完这则故事你更喜欢其中的谁？龙虾为什么要把自己的外壳脱掉？如果你是螃蟹叔叔，你会怎么做呢？您还可以把您的读后感与孩子分享。在此过程中，您也要让孩子大胆提问，以此来了解孩子心中的疑惑，并为孩子解答。这个故事一方面是要让孩子学会带着疑问去认知事物，另一方面是要让孩子明白：像龙虾那样独立和勇敢，才能逐渐强大，如果过于依赖自己的父母，则会像螃蟹叔叔那样永远无法脱离外壳、独立生存。

**3. 请您与孩子一同练习"我也会提问"环节**

在这一部分，您要让孩子主动提出问题并耐心聆听孩子的困惑，对孩子进行提示和引导，不能扼杀孩子的想象力，更不能扼制孩子提问的欲望。必要时，您要纠正孩子的提问中的错误逻辑，让孩子在养成提问习惯的同时，提升逻辑思维能力。

**4. 请您与孩子一起完成主题演讲环节**

这部分的内容旨在鼓励孩子主动提出在生活和学习中遇到的困惑，进而引导他们学会独立思考与解决问题。您首先要分析出现此类问题的原因，再辅助孩子查阅相关的资料。您要培养孩子探索问题的意识，更要让孩子养成遇到问题就查阅资料或主动提问的好习惯。在答疑解惑之后，您还要问问孩子："从这个问题中你学到了什么？"让孩子养成归纳总结的好习惯。

## 三、家长小贴士

在生活中，您要培养孩子的问题意识，例如多针对孩子感兴趣的事物提问，这样一来可以让孩子养成万事求真知的习惯，二来可以让孩子形成多问问题的思维模式。

第四编 少儿演讲的逻辑思维

# 第十六课

## 演讲逻辑的培养练习

### 一、家长小学堂

演讲逻辑的培养是一个循序渐进的过程。本课采用让孩子给图片和故事段落排序的方式,帮助其理顺故事的发生顺序,形成连贯的思路,便于他们形成正确的话语逻辑,避免在演讲中出现表述混乱、详略不当等问题。通过本课的学习,孩子不仅可以掌握演讲的叙述方法,还可以学会如何有序地安排演讲素材。

本课的重点是引导孩子建构正确的叙述逻辑。排序训练对3—6岁儿童而言是枯燥乏味的,如果强加到孩子身上容易使其产生抵触心理,影响学习积极性。因此,在课程内容方面,我们采用了孩子感兴趣的连环画和小故事,以增强学习的趣味性。我们将原本正确的故事顺序打乱,希望孩子在独立思考后,能够重新排列这些故事内容。课本中所选择的素材贴近生活,只要家长稍加引导,孩子就能够接受并掌握。

演讲内容的编排与叙述应遵循"起因—经过—结果"的顺序。由于3—6岁儿童年龄偏小,表达时主观意识薄弱,容易出现表述混乱、详略不当等问题。建议家长在引导孩子排序时，以事件发展的脉络为线索来提示孩子。当孩子不能理解时，家长可以先让孩子按照自己的思路排序，并阐述排序原因，待孩子完成后与其一起朗读并检查，及时纠正孩子的错误。

## 二、亲子协同练习

1. 请您辅导孩子完成"图片也会说话"的拓展练习

请您先与孩子一同辨识课本中的图片，您可以问孩子"这个是什么小动物呢？""他们之间发生了怎样的故事呢？"等问题，帮助孩子思考，启发孩子讲述图片内容。

2. 请您帮助孩子完成"试一试"的练习

请您与孩子一起观察图片，鼓励孩子提出问题，并适时为其解答，以启发他们的创造力和想象力。在观察完图片后，您可以让孩子先排序并说出排序的理由，这样可以帮助您梳理孩子的思维逻辑。当排序顺序与原文不符时，您可以将正确的顺序读出来，并进行解释，让孩子认识到自己的问题。

请您指导孩子学习新拼音，并圈出关于拼音 r 的汉字，例如忽然的然（rán）、人类的人（rén）等。

在故事排序环节，请您引导孩子找出表现事物发展顺序的词句。例如：第三自然段的第一句"森林里有棵大树，树上住着乌鸦"，它交代了人物、地点与故事发生的背景，为起始句，这一段自然也是起始段。请您按照事情发展的逻辑顺序，帮助孩子厘清全文并排序，让孩子绘声绘色地讲出来。讲完这个寓言故事后，您还要向孩子提问"乌鸦的肉为什么最终还是被狐狸吃掉了？""从这个故事中你学到了什么？"等问题，让孩子不仅能理顺逻辑，更能通过寓言故事进行深入思考和总结。

## 三、家长小贴士

我们的课程训练是有限的，但是孩子的思维能力却有着巨大的发展空间，在课外您也应该注意多加引导。例如，带着孩子有条理地完成某件事，并问孩子为什么要按照这样的顺序进行，让孩子在耳濡目染下了解事物的发展逻辑。

# 第五编

# 少儿演讲在实际生活中的应用

欢迎您带着孩子来到第五部分"走上讲台我能行"。我们相信孩子对前面课程的学习已经为正式演讲打下了良好的基础。只学习有关演讲的知识而不付诸实践是远远不够的。第五部分即实践部分,需要孩子综合运用此前学习的内容,把理论知识运用到实践中。因此,本部分设置了"说说我是谁""家庭聚会演讲""节日庆典演讲""班级演讲""幼儿园毕业演讲"和"登上演讲台"等6个演讲主题,让孩子在6种不同的场景中进行演讲。由于3—6岁的孩子语言能力尚未发育完全,语言知识大多来源于模仿,所以该部分练习主要采用"模仿法"与"复述法"。

"说说我是谁"。自我介绍是演讲的入门环节,是向别人展示自己的重要途径。针对3—6岁孩子的演讲训练要从最基础的部分开始,而"自我介绍"恰好符合这一要求。在这一课中,我们提供了一些范例来帮助孩子学习。希望通过学习该课程,孩子不仅可以打好演讲的基础,还可以更好地认识和表达自我。

"家庭聚会演讲"。家庭聚会是孩子经常会遇到的场合,也是孩子"一展身手"的好时机。家庭聚会给孩子提供了一个很好的演讲平台,因为在这个场合,孩子不会有陌生感,心态会比较放松，能更好地发挥演讲水平。该课侧重于提高孩子在家庭聚会场合的演讲能力。

"节日庆典演讲"。该部分主要以节日为主题来让孩子练习演讲，这也是该年龄段孩子常见的演讲主题。本课根据3—6岁孩子的语言特点，围绕常见的几个节日提供典型的范例材料，以帮助孩子提高这一类主题演讲的能力。

"班级演讲"。班级是3—6岁孩子经常接触的公共场所。在班级中演讲，一方面可以提高孩子的演讲水平，另一方面可以给孩子提供在班级展示自我才能、实现自我价值的机会。

"幼儿园毕业演讲"。幼儿园毕业典礼是孩子学习生涯的第一个毕业典礼，这对孩子来说有非常重要的意义。毕业演讲与其他类型的演讲不同，它以表达真实情感为主。我们希望孩子能够说出自己内心真实的想法，提高毕业演讲的水平。

"登上演讲台"。这一课是第五部分中的强化练习，根据3—6岁儿童的语言特征，通过设定关键词、模拟情景、设定主题等方式强化孩子的综合演讲能力。培养一个演说家不是一蹴而就的，需要演讲者系统学习与反复实践。我们希望孩子能综合运用前面学到的演讲技巧和方法，出色地完成演讲任务。

第五编 少儿演讲在实际生活中的应用

## 第十七课

# 少儿演讲入门——自我介绍演讲

## 一、家长小学堂

自我介绍是孩子关于自我认知和评价的语言表述。本课需要孩子走上讲台以演讲的形式来进行自我介绍。3—6岁儿童的发展特征表明：孩子3岁时就已经有了"我"的意识，比如能够说"我是谁""我叫什么"；到了4岁，孩子会逐渐加深对自己的认知，言语中会出现对自己特征的描述，比如能表达"我是好孩子""我喜欢笑"；5—6岁的时候，孩子的自我认知有了更进一步的发展，比如会说"我和某某是好朋友"。另外，随着年龄的增长，儿童自我评价的内容由外部的具体行为渐渐过渡到内在的品质，例如3—4岁儿童的自我评价的对象往往是外部的某个具体行为，会说"我很乖，因为我吃饭吃得快"；5—6岁的儿童开始对自己的内在品质进行评价，会说"我是一个懂礼貌的小朋友，因为我会给老爷爷让座"。

家长在指导孩子进行自我介绍演讲时要结合其自身的发育情况提出相应的要求，不能揠苗助长。不同年龄儿童的表达水平是有差距的。对于低年龄段的儿童，我们可以引导其练习自我介绍，比如家长以小朋友的语气来介绍自己，让孩子知道有哪些内容可以讲，或者是采取家长提问孩子回答的方式，鼓励他们勇敢地表达。等孩子慢慢熟悉了自我介绍的基本内容之后，再让他们自由发挥，逐渐提高孩子语言表达的难度。

3—6岁是儿童学习语言的敏感期，他们会十分喜欢新学的词语，并且容易被"礼物""秘密""好玩"等词语吸引。我们根据3—6岁儿童的语言能力发展特点选用了"模仿法"和"复述法"，帮助孩子学习各种类型的演讲，这是因为儿童可以通过模仿习得许多行为和能力。在学习本课时，家长首先要鼓励孩子表达自我，然后提供各种各样的范例让孩子参照和学习，找出孩子演讲的不足之处，最后让孩子参照模板来组织自己的自我介绍。这种递进式的学习方法能帮助孩子掌握自我介绍的一般方法，提高孩子的自我认知水平和演讲水平。

## 二、亲子协同练习

### 1. 请您指导孩子设计一篇自我介绍的演讲稿

自我介绍除了要有基本信息，还需要凸显个人特色，比如与众不同的爱好、特别的经历等。书中的模板仅供参考，因为每一个孩子都有其独特之处，在给孩子设计自我介绍时要挖掘孩子的闪光点，避免千篇一律。

2. 请您根据孩子演讲时的表现给孩子打分

评分标准（满分100分）：

演讲内容40分（要求：结合自身实际，介绍真实情况，体现个性）；

语言表达30分（要求：运用演讲技巧；语音标准；表达自然、生动感人）；

仪容仪表10分（要求：衣着大方、整齐；表情自然；肢体语言表达适当）；

演讲效果20分（要求：观众反映好，具有感染力，产生了良好的影响）。

## 三、家长小贴士

我们将提供3—6岁这个阶段不同年龄孩子的自我介绍范例给您做参考，请您对照孩子的表现，看看他是否超过了该年龄小朋友应有的水平。

3岁：

大家好，我叫吴斗，小名叫豆豆，姥爷说"豆豆"好哇，又是种子又是果实，种类特别多。小时候，姥爷经常喊我"大青豆""小绿豆""红小豆"等。妈妈和爸爸则经常说：别摔着了，不然就变成豆瓣酱了。

4岁：

同学们，大家好。我叫白雪，今年4周岁了。我喜欢画画和跳舞，平时在家里爱看书、和爸爸一起摆积木。我爱我的老师，我爱我们班的小朋友，我是一个快乐的小天使，大家都很喜欢我。我是家里的开心果，就是有时有点儿任性。

5岁：

嗨！你们好！

我叫府瞰，是宝带天虹幼儿园草莓班的小朋友。我今年5岁啦，我是一匹小马。我的妈妈叫吴庆，我的爸爸叫府正忠，他们都是老师。他们都很爱我。我在妈妈肚子里的时候就想：爸爸妈妈会给我起个什么名字呢？后来，聪明的爸爸说他姓府，儿子就叫府瞰吧。俯瞰的意思是站在高处往下看，爸爸妈妈希望我做什么事情都领先一步。

告诉你们一个秘密，今年暑假爸爸带我去学轮滑了呢，我可神气了！你们会轮滑吗？下次我们来比赛吧！谢谢大家！

6岁：

大家好，我叫范雯。我有一张圆圆的脸，一双乌黑的眼睛，短短的头发。我今年6岁了，我爱看书。说起看书，我还有一段小故事呢！有一天，我看见我的好朋友买了一本《苦儿流浪记》，这本书我向往了许久，可是爸爸始终没有买给我。我从小到大几乎没有求过别人，但这次只好硬着头皮向他借。他虽一口答应，可条件是要我拿动物图书跟他交换。

我的缺点就是爱掉"金豆豆"。你们可别笑我，养的宠物死了，我会哭！受小朋友欺负，我会哭！考试不好，我会哭！看书看到感人处，鼻子一酸，又落下两排"大珍珠"。

　　我最不喜欢体育运动了，从小体育成绩就不好。每次上体育课之前，我的心情都会变得低落。我不仅爱哭爱笑，也爱读书做手工，更爱交朋友。大家愿意和我交个朋友吗？

## 第十八课

## 展示孩子口才的好时机——家庭聚会

### 一、家长小学堂

家庭聚会演讲是小演说家必须要掌握的演讲类型之一，家庭聚会也是3—6岁儿童最常接触的演讲场合。让孩子在家庭聚会上演讲，不仅可以锻炼孩子的口才，而且有助于培养孩子在公共场合大胆演讲的勇气。

在指导孩子学习家庭聚会演讲时，最重要的是让他们学会根据情景来确定演讲内容和主题。家庭聚会演讲的内容和主题一般是根据聚会的场合或者核心人物确定的，例如，今天是爷爷60岁的生日宴会，那么这一次的演讲就要围绕主人公爷爷和60大寿来展开，演讲的目的则是给爷爷贺寿或者是讲一些和爷爷之间的故事。如果此时演讲内容的主体变成了别人，虽然也是讲了一番话，可是结合具体情境来看并不合适。再如，在除夕夜这一情境下，孩子的演讲内容仅仅围绕除夕夜展开是否合适？答案是否定的。因为既然是家庭聚会上的演讲，就需要将"家庭"的元素融入其中。书中第十八课的第三个范例就是很

第五编 少儿演讲在实际生活中的应用

好的例子。

家庭聚会虽然一般没有陌生人，但是对孩子来说依然是一个公共场合，家长还是需要帮助孩子克服一些心理障碍的。家长要用一些宽慰的话语帮助孩子调整心态，更重要的是在孩子演讲时注意以下几点：（1）集中精力听孩子说，不能三心二意，不然孩子会失去演讲的兴致。（2）当孩子的演讲出现错误时，先不要急着指出，而应等孩子自己发现，如果孩子没有发现，则应在孩子讲完以后再指出来。因为3—6岁儿童的语言能力尚弱，其在演讲时出现错误的概率大，如果家长直白地说出孩子的缺点，会打击孩子表达的自信心，影响其语言表达的积极性。（3）孩子在演讲时出现长时间停顿时，家长要耐心地等待，同时积极引导。如果孩子在演讲时一下子卡住，不知道该继续说什么，家长一定不要去催，而是要耐心地等待，给孩子一些回忆和思考的时间，等孩子实在想不出来时，再给一些小提示来帮助孩子。（4）给孩子营造一个轻松愉快的演讲环境，不要让气氛太严肃。大部分3—6岁儿童对紧张严肃的气氛有畏惧心理，这会让孩子的表述能力大打折扣。

在设计本课内容时，我们依旧注重孩子的实践练习。首先通过导言，让孩子接触一个新的演讲类型；然后给孩子一些范例和模板；最后让孩子结合此前所学的知识举一反三，直至掌握这一类型的演讲。家庭聚会上的演讲是非常贴近生活的演讲类型。演讲教学不能仅局限于课堂，还应该拓展到日常生活中，让我们一起把课堂与生活都变成小演说家的演练场，只有这样，孩子的家庭聚会演讲水平才能迅速提升。

## 二、亲子协同练习

**请您指导孩子完成家庭聚会演讲练习**

您在示范时一定要配合肢体动作。由孩子选择一个聚会主题，您先给孩子做示范，然后再和孩子一起设计一次家庭聚会演讲。您和孩子可以参照下面的模板：首先，告诉大家"我"是谁，几岁了，哪里人，"我"的爸爸妈妈是谁，家里有几口人；其次，说明大家因为什么事情相聚在一起，自己的心情如何；最后，说几句祝福语送给大家。

## 三、家长小贴士

家庭聚会演讲属于即兴演讲的范畴。所谓即兴演讲，就是在特定的情境和主体的引发下，自发或被要求立即进行的当众演说，是一种不依赖文稿的口语交际活动。3—6岁儿童的语言能力尚未成熟，他们不具备张口即来的能力，所以我们要降低对孩子即兴言说的期待，可以多给孩子一些准备的时间。您可以使用以下两个方法对孩子进行引导：第一，给孩子一些关键词，让孩子展开联想并用自己的语言描绘出来；第二，多问孩子"为什么"，让孩子学会提炼问题，表达内心最直接的感受。

第五编 少儿演讲在实际生活中的应用

# 第十九课

# 少儿演讲的常见类型——节日演讲

## 一、家长小学堂

欢迎您带着孩子来到第十九课"节日演讲"。节日是人们为适应生产和生活的需要而创造的一种民俗文化。节日演讲是指在各种节日活动中发表的公开演说。我们在庆祝某个节日的时候,不仅可以开展各类纪念活动,也可以举行不同的主题演讲比赛,所以这也是孩子展示自己演讲才能的重要时机。由于不同的节日所表现的情感取向不同,涉及社会道德、政治、历史等多个方面,所以不同的节日对演讲内容的要求也不同,这就要求演讲者在做节日演讲之前准确把握节日的内涵和意义,谨防所讲内容与节日无关。

3—6岁儿童的理解能力发展主要分为两个阶段:第一阶段是3—5岁。这一阶段的孩子思维方式比较具象,他们能根据表面属性对事物进行分类,对事物的理解能力开始增强,可以初步理解周围世界中表面的、简单的因果关系。比如:因为今天是父亲节,是爸爸的节日,所以我要送亲爱的爸爸一个礼物。第二阶段为5—6岁。这一阶段的孩子可以初步理解周围世界中比较隐蔽的因果关系，能根据周围事物的属性分类。比如：过年要吃大鱼大肉、端午节要吃粽子、中秋节要吃月饼，所以这些节日跟好吃的食物有关。

3—6岁儿童无法理解各个节日的深刻内涵，这就需要家长简化节日内涵以帮助孩子理解，例如：十月一日是国庆节，是祖国母亲的生日，家长可以通过讲解、展示图片、和孩子一起动手制作礼物等一系列活动让孩子感受节日氛围，培养孩子的爱国情感和民族自豪感。这样不仅可以帮助孩子理解节日的内涵，还可以让孩子更好地了解演讲的主题，做出精彩的演讲。

了解节日演讲的特点后，家长可以更有针对性地指导孩子学习这一类型的演讲。节日演讲主要有以下3个特点。

（1）主题独特。节日演讲必须根据节日的基本特征来确定主题，只有这样，演讲才能突出节日的特殊意义。例如：做国庆节主题演讲时，我们可以帮助孩子了解为建立新中国而牺牲的革命先驱的英勇事迹，以此激发孩子作为中国人的责任心和自豪感，体现出该节日的独特价值。

（2）内容现实。无论是关于什么节日的演讲，演讲内容都必须与演讲者的现实生活紧密结合起来，这是由演讲的特质决定的。因此，这一类型的演讲一定要突出节日的现实意义。例如：关于教师节的演讲，就应当着重讲述现实中关于老师的感人事迹，颂扬人民教师无私奉献的精神。

（3）语言个性化。以节日为主题进行演讲时，因为节日的

第五编 少儿演讲在实际生活中的应用

背景和主题是固定的,所以容易出现千篇一律的问题。因此,要想让听众感觉耳目一新,就必须注重语言的个性化。例如:在除夕夜发表演讲时,孩子可以运用充满童趣的语言来表现对节日的独特理解。

根据节日演讲的三个特点,家长在指导过程中,要结合3—6岁儿童语言和自我意识的发展特征,让孩子的节日演讲有更多自己的特点。例如:关于"六一"儿童节的演讲,可以让孩子讲述自己是如何看待这个节日的,或者讲一讲在节日这一天发生的事情等。在实践环节"开始演讲吧,GO!",家长可以跟孩子一起梳理节日演讲的思路,帮助孩子呈现其对节日演讲的构思。

## 二、亲子协同练习

请您为孩子简要介绍他所喜欢的节日,并指导孩子完成相关节日的演讲

春节:春节是我们中国人最重视的节日之一,也是全家团聚、共享亲情的时刻。过年时,我们还会用贴春联、贴窗花、放鞭炮、敲锣打鼓的方式来庆祝新年来临。

中秋节:中秋节在农历八月十五,是月亮又圆又亮的时候,古人又称其为团圆节,是欢庆丰收、家人团聚、赏月、品月饼的传统节日。圆圆的月饼就像月亮一样,所以人们要吃月饼来欢庆中秋节。

国庆节：每个人都有自己的生日，当生日来临的时候，家人都会为他庆祝。每年的十月一日是国庆节，是祖国母亲的生日，我们生活在祖国母亲的怀抱中，所以她过生日的时候我们要为她送上祝福。

## 三、家长小贴士

您在讲解节日背景和意义的时候，要考虑到孩子的理解能力，不能一味地照本宣科。比如：介绍端午节时，不一定要把端午节的历史渊源一股脑地讲给孩子，可以概括性地解释——端午节是中国传统节日之一，我们有在节日当天包粽子、划龙舟、结五彩绳的习俗。可以尝试将爱国诗人屈原的故事作为重点，引导孩子理解端午节的内涵。

第五编 少儿演讲在实际生活中的应用

# 第二十课

## 树立少儿自信的途径——班级演讲

### 一、家长小学堂

班级演讲,就是在班级集会上根据某一特定主题所展开的语言交际活动。它是公共演讲的一部分,也是3—6岁儿童接触最多的演讲类型之一。对孩子来说,在班级中演讲是展示自我、表达自我的方式之一,也是发展自我体验的重要途径。精彩的演讲可以帮助孩子获得同学、老师的认同,有助于树立孩子的自尊心和自信心。

演讲的功能之一就是说服,任何具有说服力的演讲都离不开一篇千锤百炼的演讲稿,而想要撰写出好的演讲稿离不开好的素材。我们应该如何帮助孩子选择有用的素材呢?在这里我们有如下几点建议。

(1)根据演讲主题来选择素材,即选择能起到支撑主题作用的素材。当然,选择素材也不能只看素材本身如何,还要看素材对演讲的主题能起到什么作用。比如演讲的主题是"母爱",而我们的素材有两个:①我的妈妈做饭特别好吃;②我的妈妈每天都会在我睡前讲几个故事来哄我睡觉。显然素材②更能支撑主题，所以我们就要舍弃素材①选择素材②。

（2）选取生活中较普遍和具有典型性的素材，主要是指一些能说明问题的素材。素材要真实准确，不能是虚假的。比如演讲主题是"骄傲自大不是好品质"，那么在选取素材时就可以选择寓言故事或者童话故事，如《夜郎自大》《蚊子和狮子》等。

（3）选择符合儿童话语风格的素材。符合儿童话语风格的素材能够将孩子天真无邪的一面展现出来，有利于孩子学会表达自己真实的情感。对于听众来说，3—6岁儿童的童言童语就是最吸引人的素材。因此，我们要求孩子在演讲时用自己的方式来演绎素材，这样会让演讲更加生动、有趣。

在本课中，我们选择了一些班级演讲中常见的主题，并且提供了相关的参考稿件。除此之外，我们还通过一些提示性的话语来帮助孩子厘清演讲思路，让孩子进一步掌握班级演讲的规则，以成为班上最受欢迎的小演说家！

## 二、亲子协同练习

**请您指导孩子完成不同主题的演讲练习**

在孩子演讲前，您要帮助孩子理解题目的含义，让孩子的演讲内容符合要求，避免出现跑题现象。例如：准备"做个善解人意的暖心孩子""爱护小动物"这两个主题时，您要引导孩子紧紧围绕主题来构思，并搜集和整理相关的素材，让孩子对主题有更深入的理解。

## 三、家长小贴士

您根据孩子选择的演讲题目，引导孩子收集演讲素材时，要注意以下两点。

一是演讲素材的来源。您可以帮助孩子查阅书籍、报纸或者是让孩子通过提问的方式获取素材。

二是演讲素材的挑选。根据我们之前给出的方法，您可以结合孩子所搜集的素材与孩子一同进行仔细的筛选，选择紧扣主题的素材。

## 第二十一课

## 培养少儿仪式感的重要方法
### ——幼儿园毕业演讲

### 一、家长小学堂

在成长阶段,树立仪式感对孩子的性格、观念及态度的形成都有着重要影响。演讲这一方式能够让孩子增加胆量,增强自信心,锻炼逻辑思维能力,提升语言组织能力。本课我们聚焦于孩子在幼儿园毕业时需要面对的毕业演讲,以提升孩子演讲时的语言表达能力和临场应变能力。

幼儿园毕业对孩子来说具有非常重要的纪念意义。在孩子的成长过程中,幼儿园是除家庭外孩子的第一个与群体相处并产生情感寄托的地方。从第一天入学时对幼儿园的环境感到陌生,到慢慢融入并喜欢上这个大家庭,再到离开幼儿园时内心的恋恋不舍,这些充满童真的记忆汇集成孩子对幼儿园的真挚情感。在幼儿园毕业演讲中,家长主要是帮助孩子回忆和梳理在幼儿园发生的令其印象深刻的故事,并将它们合理组织和串联起来。家长要帮助孩子在演讲中描述自己的真实经历,以此来表达孩子内心的情感——对老师的感恩、对即将分别的同学的不舍以及对幼儿园学习生活的总结、对未来的期望。

下面我们将以《我会永远记得你》为例,介绍应如何进行幼儿园毕业演讲。

第一段先简单地进行自我介绍,然后直接切入主题,交代演讲的背景和目的。用"真舍不得"表达"我"对幼儿园的不舍之情。

第二段回忆幼儿园的生活,主要讲述老师怎么教育"我"、老师帮"我"做了什么以及"我"和同学之间的美好友谊。

第三段可以承上启下地讲一讲"我"是如何爱上幼儿园生活的,比如是因为有可敬的老师和可爱的同学。

最后用"老师辛苦了,谢谢您!再见同学们,我爱你们!"总结全篇,这样既可表达对幼儿园的恋恋不舍,也可表达对老师的感恩之情。

幼儿园毕业演讲主要是表达孩子自己的情感,所以这一课需要家长综合运用前面所介绍的方法,调动孩子的积极性,让孩子在演讲中流露真情,呈现感人的毕业演讲。

## 二、亲子协同练习

1. 请您引导孩子回忆幼儿园中难忘的事

孩子理解"记忆""难忘""深刻"等抽象词语会比较困

难，所以您在引导孩子时，应该更加耐心和细心。您可以让孩子说说自己近期在幼儿园里的开心事，以此为切入点，强化孩子对抽象词语的理解。

**2. 请您指导孩子完成演讲练习**

在演讲的内容方面，您可以根据书中给出的提示，辅导孩子设计一次毕业演讲。在实践方面，您可以结合我们在前文中所提到的一些方法，让孩子把内心真实的情感表达出来。

## 三、家长小贴士

在与孩子一起准备毕业演讲时，您可以试着在演讲稿中加入一些简单的谚语，如"光阴似箭，日月如梭""一寸光阴一寸金，寸金难买寸光阴"。这样既能够为孩子的演讲增光添彩，又能借此机会让孩子学到一些新的知识。

第五编 少儿演讲在实际生活中的应用

# 第二十二课

## 少儿演讲的基本要求与评估标准

### 一、家长小学堂

俗话说:"台上一分钟,台下十年功。"孩子在此前每一课所学的知识、所做的每一次练习都是为成为小演说家而准备的。今天,我们将针对孩子所学的知识进行一次终极测试。在本课的导读里,我们首先介绍演讲的基本概念和要求,然后引导家长检验孩子的学习成果,并对其做一个评估。

演讲又叫讲演或演说,是指在公众场所,以有声语言为主要手段、以体态语言为辅助手段,针对某个具体问题,完整地发表自己的见解和主张,阐明事理或抒发情感,进行宣传鼓动的一种语言交际活动。演讲也是一个人的语言表达能力的重要体现。我们现阶段的目标是培养孩子对演讲的兴趣、给孩子打下演讲的基础,提升孩子的口语表达能力,让孩子自信地讲出自己的想法。

本课一共包括3个小测验,第一个测验是"故事知多少",主要是检验孩子演讲素材的积累情况;第二个测验是"情景模拟难不倒"，主要是结合前面几个课时的学习内容，根据3—6岁孩子经常遇到的场合，通过模拟情境演讲来测验孩子的即兴表达能力；第三个测验是"主题演讲最在行"，这一测验设定了演讲主题，通过孩子的主题演讲考查孩子的综合能力。这里需要孩子结合自身的实际情况，拓展所学的演讲知识，完成演讲测试。

## 二、亲子协同练习

在孩子演讲完以后，请您结合《3—6岁幼儿演讲基本要求》（附1）和《评分表》（附2）给孩子的演讲打分。

## 三、家长小贴士

经过测评，您对孩子的学习成果是否满意？也许您觉得孩子的某一次演讲做得还不够好，但这是孩子首次面对如此高难度的考核，他们的演讲之路才刚刚开始。让我们为孩子的每一次演讲鼓掌喝彩吧！我相信，在您的鼓励和支持下，您的孩子一定会成为优秀的小演说家。

# 结　语

感谢您陪伴孩子行进在成为"小小演说家"的征程上。第一阶段的小演说家养成之旅到这里就要结束了。在这一阶段的陪伴中，相信您已经感受到了孩子的进步与成长。学习演讲的道路是漫长的，这里仅仅是第一站。在未来的道路上，我们会与您继续携手，一起帮助孩子完成蜕变。尊敬的家长朋友们，第二阶段见！

# 附1 3—6岁幼儿演讲基本要求

演讲既需要讲，也需要演。演讲以讲为主，以演为辅，我们分别从"演"和"讲"两个部分来看演讲的基本要求。

## 一、讲

### 1. 声音、语速、语调

声音：声音饱满、音量适中、吐字清晰、普通话标准。

语速：快慢得当，不能说得太快或者太慢，太快了不仅会影响观众接收信息，还会凸显演讲者的紧张，太慢则显得迟钝、沉闷，会打乱演讲的节奏，让观众昏昏欲睡。

语调：抑扬顿挫要适当，要有升有降，例如表现高兴、欢乐、开心时用升调，表现失落、不高兴、伤心时用降调。

### 2. 内容与结构

内容：演讲的内容明确，观点鲜明，切合主题。语言通俗易懂，生动流畅。叙述简短，逻辑正确。感情要根据内容适当变化，不能一成不变。

结构：逻辑结构合理。例如，可以使用一些常用的表示顺序的词：开头、中间、结尾，首先、其次、最后，以前、现在、将来，第一、第二、第三，等等。

## 二、演

### 1. 站姿

形体：抬头、挺胸、直腰、收腹，塑造自信勇敢的形象。

眼神：双眼平视前方（表示平等、友善）。

面部：面带微笑，表情自然。

双脚：男孩要自然分开，与肩同宽；女孩要立正或者站小丁字步。

双手：在没有做动作时，男孩双手自然下垂，放于身体两侧；女孩还可以双手交叉握于拇指部位并放于小腹前。

### 2. 上台、下台

上台：走上讲台的时候，要自然大方，脚步不能太小或者太大，以等肩宽为宜。上台转身站定之后要记得先向台下的观众鞠躬；如果是几个小朋友一起上台，要注意排队有序，等所有人都站好以后同时鞠躬或敬礼。

下台：下台之前也要先向观众鞠躬或敬礼，再转身面向下台方向，走下讲台。如果是多个小朋友一起下台，要做到步伐整齐有序；如果是男孩和女孩搭档，男孩要做小绅士，先向后退一小步，伸手示意让女孩先走，再跟在其身后有序下台。

### 3. 手势

上区间：肩以上。表示希望、自信、坚决等积极情绪时，手势多在此区间。

中区间：肩到腹部区域。表示中性情绪时，手势多在此区间。

下区间：腹部以下。表示失望、悲观等消极情绪时，手势多在此区间。

### 4. 表情

眼神、面部表情都应跟随演讲内容的变化而变化。

# 附2 评分表

| 评价项目 | 评分标准 |
|---|---|
| 演讲内容（4分） | 1.内容能紧紧围绕演讲主题，观点正确鲜明，内容充实、具体生动，感情真挚强烈。（4分） |
| | 2.材料典型，观点正确，内容具体，感情真挚。（3分） |
| | 3.内容具体，感情真挚。（2分） |
| 语言表达（3分） | 1.发音准确，口齿清晰，能脱稿，能熟练表达演讲的内容。（3分） |
| | 2.语言较准确，声音洪亮，语气、语调、音量、节奏不能随感情的起伏而变化，虽然脱稿但缺乏感染力。（2分） |
| | 3.语言不够流畅，缺乏抑扬顿挫，没有感染力。没有脱稿。（1分） |
| 精神风貌（3分） | 1.精神饱满，能较好地运用姿态、动作、手势、表情等表达自己对演讲稿的理解。（3分） |
| | 2.端庄大方，举止得体。（2分） |
| | 3.手脚乱动，没有章法。（1分） |